心に響く

弔辞

葬儀のあいさつ実例集

●新装版

新星出版社

目次

【自分がすべきあいさつがすぐ見つかる、具体的設定入り】

遺族のあいさつ実例

弔辞・あいさつの言葉遣い

編集協力：伏見友文、メディアユニオン
原稿執筆：青山誠、中島美明、伏見友文

●本書の使い方●

弔辞を頼まれたからには、故人へのはなむけとして、さらに遺される人のために、心のこもった言葉を贈りたいものです。また、遺族は故人のためにきちんとあいさつすることが大切です。

本書は、葬儀当日にしなければならない弔辞とあいさつのための文例集です。いざというとき必ず役立つ、シチュエーション別に72の弔辞と25の遺族あいさつ文例を掲載。文例は、弔辞は750字前後、朗読の時間約３分、遺族あいさつは300字前後、約１分半を目安としています。ポイントを参考にして、自分なりに少しアレンジすれば、簡単に弔辞原稿が作れます。

❷ブロックで区分。あいさつ文の組み立てがひと目でわかる

❶故人のプロフィールと、あいさつ者の関係を具体的に明示。「目次」と「見出し」で自分のすべきあいさつが、すぐにピンポイントで選べる

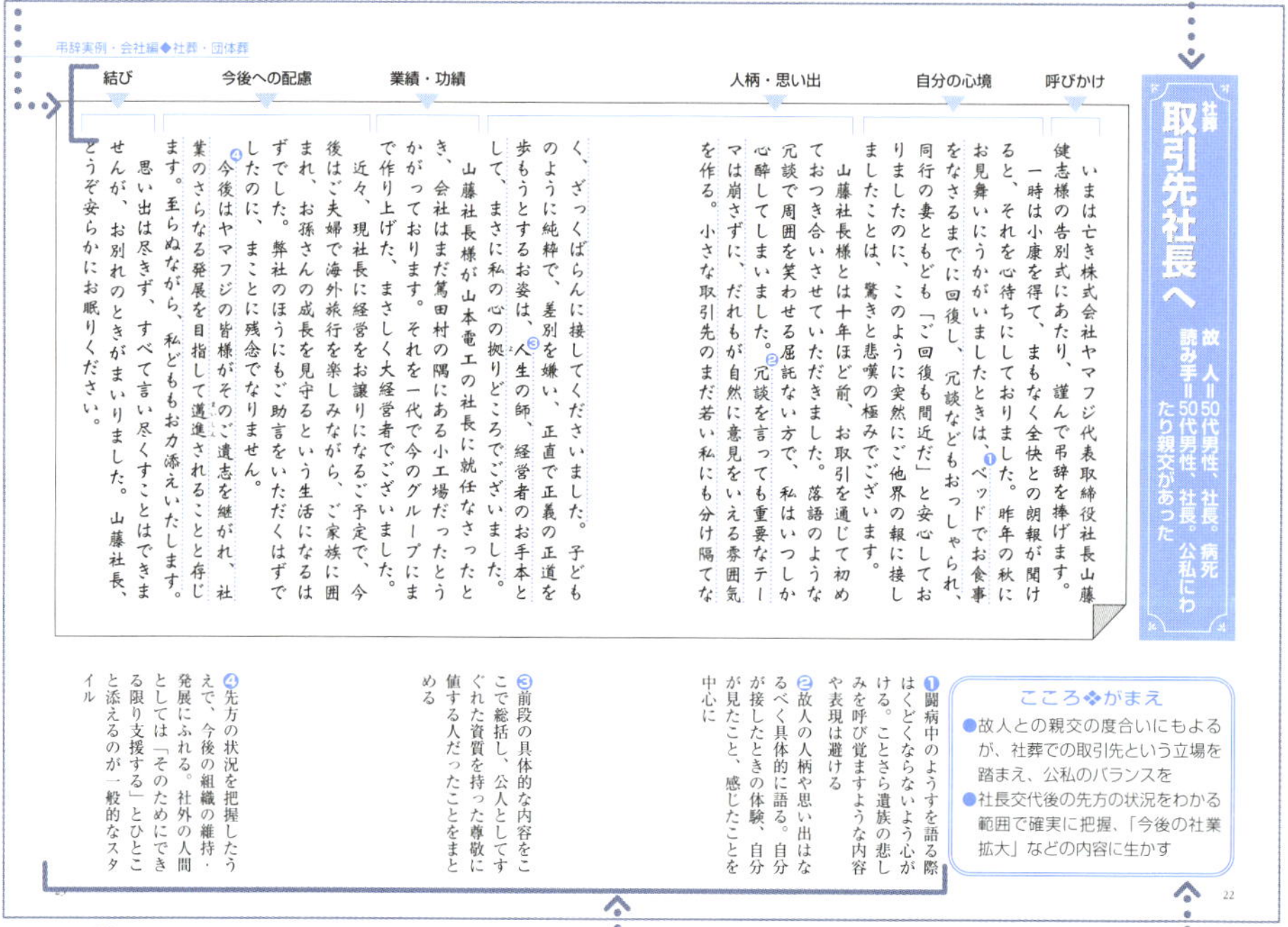

弔辞実例・会社編◆社葬・団体葬

社葬 取引先社長へ

故　人＝50代男性、社長。病死
読み手＝50代男性、社長。公私にわたり親交があった

呼びかけ

いまは亡き株式会社ヤマフジ代表取締役社長山藤健志様の告別式にあたり、謹んで弔辞を捧げます。

自分の心境

一時は小康を得て、まもなく全快との朗報が聞けると、それを心待ちにしておりました。昨年の秋にお見舞いにうかがいましたときは、❶ベッドでお食事をなさるまでに回復し、冗談などもおっしゃられ、同行の妻ともども「ご回復も間近だ」と安心しておりましたのに、このように突然にご他界の報に接しましたことは、驚きと悲嘆の極みでございます。

人柄・思い出

山藤社長様とは十年ほど前、お取引を通じて初めておつき合いさせていただきました。落語のような冗談で周囲を笑わせる屈託ない方で、私はいつしか心酔してしまいました。❷冗談を言っても重要なテーマは崩さずに、だれもが自然に意見をいえる雰囲気を作る。小さな取引先のまだ若い私にも分け隔てなく、ざっくばらんに接してくださいました。子どものように純粋で、差別を嫌い、正直で正義の正道を歩もうとするお姿は、❸人生の師、経営者のお手本として、まさに私の心の拠りどころでございました。

業績・功績

山藤社長様が山本電工の社長に就任なさったとき、会社はまだ篤田村の隅にある小工場だったとうかがっております。それを一代で今のグループにまで作り上げげた、まさしく大経営者でございました。

今後への配慮

近々、現社長に経営をお譲りになるご予定で、今後はご夫婦で海外旅行を楽しみながら、ご家族に囲まれ、お孫さんの成長を見守るという生活になるはずでした。弊社のほうにもご助言をいただくはずでしたのに、まことに残念でなりません。

❹今後はヤマフジの皆様がそのご遺志を継がれ、社業のさらなる発展を目指して邁進《まいしん》されることと存じます。至らぬながら、私どももお力添えいたします。

結び

思い出は尽きず、すべて言い尽くすことはできませんが、お別れのときがまいりました。山藤社長、どうぞ安らかにお眠りください。

こころ❖がまえ

- 故人との親交の度合いにもよるが、社葬での取引先という立場を踏まえ、公私のバランスを
- 社長交代後の先方の状況をわかる範囲で確実に把握、「今後の社業拡大」などの内容に生かす

❶闘病中のようすを語る際はくどくならないよう心がける。ことさら遺族の悲しみを呼び覚ますような内容や表現は避ける

❷故人の人柄や思い出はなるべく具体的に語る。自分が接したときの体験、自分が見たこと、感じたことを中心に

❸前段の具体的な内容をここで総括し、公人としてすぐれた資質を持った尊敬に値する人だったことをまとめる

❹先方の状況を把握したうえで、今後の組織の維持・発展にふれる。社外の人間としては「そのためにできる限り支援する」とひとこと添えるのが一般的なスタイル

22

❹言い回しや読み方など、気をつけたいポイントをわかりやすく

❸文章を作る、また朗読、あいさつするうえでの押さえておきたい注意点

弔辞の基礎知識

[弔辞を頼まれたら]
[事前にしなければいけないこと]
[葬儀の基本的な式次第]
[弔辞のやり方]
[弔辞の基本形]
[弔辞の基本的な書き方]
[正式な弔辞の折り方・包み方]

弔辞を頼まれたら

原則として引き受ける

弔辞とは、故人に捧げる惜別の言葉です。

弔辞を読むことは、遺族や葬儀の代表者などから事前に依頼されるのが一般的ですが、たいていは急なできごとなので、わずかな準備期間しかない場合がほとんどで、負担に感じてしまうかもしれません。しかし、弔辞朗読は、故人と親しかったほんの数名に限って頼まれるものです。名誉に思うと同時に、故人に最後の別れを告げる機会を与えてくれた遺族の配慮に感謝して、弔辞は「依頼されたら快く引き受けること」が原則です。

読みたいときは遺族へ連絡

先に述べたとおり、弔辞朗読は一般に依頼を受けてするものですが、ときに、故人と深い親交があり、どうしても弔辞を捧げたい、という人もいるかもしれません。その場合は、なるべく早めに遺族や葬儀代表者に連絡をとり、了承を得ることが第一です。あくまで遺族の気持ち優先ですから、了承が得られない場合はすぐにあきらめるべきでしょう。

了承が得られたら、式次第を確認し、自分の出番をチェックします。とくに、社葬など規模の大きい葬儀では式次第も複雑なので、当日は早めに出かけて段取りを打ち合わせておくとよいでしょう。

きちんと準備し、実行する

弔辞朗読をするということは、いうなれば「葬儀プロジェクト」の一員、大げさにいってしまえば、葬儀を無事に進行させる責任の一端を担っているわけです。主催者側に迷惑をかけないよう、しっかりした準備と心がまえで臨みましょう。

事前にしなければいけないこと

どんな内容（題材）にするか決める

弔辞の内容には一定の型があります（15ページ参照）。しかし、故人の思い出や故人との親交のエピソードを語る段では、自分自身の言葉で惜別の意を語ることを心がけましょう。ただ、いたずらに遺族の悲しみをあおるような感傷的な内容は避けます。

会社関係の葬儀で故人の経歴を述べる場合は、葬儀担当者に経歴書を依頼します。また、社葬など規模の大きい葬儀では、弔辞の内容が重複しないよう、ほかの弔辞の顔ぶれを確認しておきましょう。

必ず原稿を書き、奉書紙に清書

原稿（下書き）を書くのは、一つには、頭の中で考えた内容を紙の上できちんと整理するためです。もう一つ、弔辞は故人に捧げるものなので、必ず紙に清書して霊前に供えます。ですから原稿として文字にしておくべきなのです。清書は、巻紙や奉書《ほうしょ》紙《がみ》に毛筆の楷書体《かいしょたい》で一字一字きちんと書くのが基本。巻紙や奉書紙は左から巻き折りにし、白い上紙に包んで表に「弔辞」と記します（18ページ参照）。

文章量は、朗読時間を長くても三分程度にすべきことを踏まえ、八〇〇字程度に。推敲《すいこう》の段階で忌み言葉などの言葉遣いや表現を修正します。原稿ができたら、実際に声に出して読み、発音や所要時間などをチェックします。社葬などで他人が書いた原稿の場合は、読む練習をとくに入念にしましょう。

服装は正式喪服が基本

弔辞を読む人は、いわば「主賓《しゅひん》」扱いですので、正式喪服が基本。ブラックフォーマルを着用し、失礼のないようにします。

葬儀の基本的な式次第

弔辞はいつ読むのか、遺族のあいさつはどこでするのか、当日の基本的な進行を頭に入れておきましょう

社葬の場合（仏式葬儀）

※前日に通夜が営まれる

①ご遺骨・ご位牌《いはい》お迎え
②参列者入場
③葬儀式開式の辞【司会】
④僧侶《そうりょ》入場
⑤読経《どきょう》【僧侶】
⑥僧侶焼香

⑦式文《しきぶん》告知【葬儀委員長の弔辞】→46～53ページ
葬儀委員長の弔辞を、正式には「式文」という。内容は、故人の来歴や功績などで、三～四分程度にまとめる

⑧弔辞拝受【葬儀委員長以外の弔辞】→20～45ページ
取引先関係者、友人、社員代表など二、三人。故人の業績や思い出を語る

個人の葬儀の場合（仏式葬儀）

※前日に通夜が営まれる

①参列者入場
②僧侶入場
③葬儀式開式の辞【司会】
④読経【僧侶】

⑤弔辞拝受【弔辞を読む】→58～165ページ
故人の友人、勤務先の関係者など二、三人。故人の人柄を偲《しの》ばせるエピソードを三～四分程度にまとめる

⑥弔電奉読【司会による弔電の読み上げ】→166～170ページ

⑦読経
⑧僧侶焼香
⑨遺族・親族焼香
⑩僧侶退場

⑨弔電奉読【司会による弔電の読み上げ】 →166～170ページ

⑩葬儀委員長あいさつ →54～57ページ

参列へのお礼、遺族への支援のお願いなど。弔辞のときに式文を述べない場合は、ここで故人のかんたんな略歴を紹介する

⑪喪主あいさつ →172～185ページ

参列へのお礼、遺族への支援のお願いなど

⑫読経【僧侶】

⑬葬儀委員長・遺族等指名焼香

⑭一般参列者焼香

⑮僧侶退場

⑯葬儀式閉式の辞【司会】

⑰休憩

⑱告別式開式の辞【司会】

⑲一般参列者焼香

⑳告別式閉式の辞【司会】

㉑ご遺骨・ご位牌お送り

---

⑪喪主・親族代表あいさつ →172～193ページ

参列へのお礼、遺族への支援のお願いなど

⑫葬儀式閉式の辞【司会】

⑬休憩

⑭僧侶入場

⑮告別式開式の辞【司会】

⑯読経【僧侶】

⑰一般参列者焼香

⑱僧侶退場

⑲告別式閉式の辞【司会】

出棺

出棺のあいさつ【遺族代表】 →194～195ページ

火葬・骨《こつ》揚《あ》げ

後飾り・遺骨迎え

精進落とし

精進落としのあいさつ【遺族代表】 →196～197ページ

精進落とし後のあいさつ【遺族代表】 →198ページ

弔辞のやり方

弔辞は故人に語りかけるもの

葬儀での弔辞朗読は、下の図のような手順で行います。

弔辞は故人に捧げるものなので、会葬者ではなく霊前に向かって朗読します。弔辞は暗記するのではなく、書いたものを読み上げるならわしです。背筋を伸ばし、発声はふだんよりもゆっくりはっきり、気持ちを込めて読みましょう。

肝心なのは、冷静さを失わないこと。死にとまどい、悲しみに暮れる心はだれしも同じです。無理に気持ちを偽る必要はありませんが、大声を上げて泣き叫んだりなど、あまり芝居がかった態度では、いたずらに遺族の悲しみをあおって、弔問客をとまどわせるだけです。最後までできるだけ落ち着いて語るようにします。

●弔辞の読み方●

1. 祭壇の前に進み、遺族・僧侶《そうりょ》、遺影に一礼
2. 上包みを開いて、用紙を広げる
3. ゆっくりと読み上げる。「読んで捧げる」ので、目線が下にいかないように用紙は上げぎみで持つ。巻紙の場合、読んだ部分はたたんでいく
4. 読み終わったら、元どおりにたたんで包み直す
5. 表書きが祭壇側から読める向きになるようにして、霊前に供える
6. 遺影、遺族・僧侶に一礼して着席

弔辞の基本形

弔辞は故人に語りかけるもの

弔辞の構成には決まりはありませんが、次のような一般的な型があるので、上手に利用しましょう。

●冒頭の言葉（呼びかけなど）

哀悼《あいとう》の意を表す言葉から始めます。親しみをこめ、故人への呼びかけから始める例もあります。

●自分の心境

訃報《ふほう》に接した際の悲しみや驚きを率直に。

●人柄・思い出／経歴・業績

故人の人柄を自分の経験から語ったり、故人との思い出を印象的なエピソードをからめて披露するなど。弔辞の柱となるべき部分といえます。社葬など会社関係の場合は、ここで故人の経歴を紹介したり、その業績や功績をなるべく具体的に伝えます。

●遺族への配慮

遺族へのなぐさめや励ましの言葉。

●今後の決意・誓い

社葬の場合にとくに必要となる要素です。残された者としての今後への決意や心境を語ります。

●結び

故人の冥福を祈り、別れを告げて結びます。

●弔辞の構成●

❶冒頭の言葉
▼
❷自分の心境
▼
❸人柄・思い出
経歴・業績
▼
❹遺族への配慮
▼
❺今後の決意・誓い
▼
❻結び

弔辞の基本的な書き方

弔辞には基本の型があります。基本を踏まえつつ、個々の状況や立場に合わせてアレンジしましょう

冒頭のあいさつ

斎浩電工株式会社代表取締役社長、故斎藤浩文様のご霊前に、謹んで哀悼《あいとう》の辞を捧げます。

●年齢や取引関係、親しさなどにかかわらず、「ですます」調でまとめる

昨年お見舞いにうかがいましたときは、快気祝いの話が出るまでに回復され、明るい笑顔でお話しいただきました。同行の妻ともども「これなら大丈夫」と安心して、ご全快との朗報がまもなく届くものと、それを心待ちにしておりました。近いうちにまたおうかがいして、奥様もごいっしょに会食をと考えておりましたのに、こうしてお別れを申し上げることになろうとは、まことに痛恨の極みでございます。

▼尊敬語や謙譲語を適宜用いる

自分の心境　哀悼の意を示す

◆「哀惜の念に堪えない」「痛嘆の限り」など、慣用句を適切に使う

斎藤社長とは十年ほど前、お取り引きを通じて初めておつき合いさせていただきました。気さくな方で、小さな取引先のまだ若い私が二度目にうかがが

●エピソードは具体的に。悲しみを呼び覚すもの、故人を傷つけるものは避ける

人柄 思い出 人柄を偲《しの》ばせる話を

業績 功績 経歴の紹介

今後への配慮 社と遺族の今後を思いやる

結び

った際、廊下で「お、沢田君！」と朗らかにお声をかけてくださったときには、その記憶力とざっくばらんなご気性に感服いたしました。人生の師、経営者のお手本として、まさに私の心のよりどころでございました。

▼故人の言葉を引用すると人柄が伝わりやすい

斎藤社長が社長に就任されたとき、世間はバブル崩壊の直後で経営も縮小第一という時代でした。それをものともせず挑戦し、成功に導かれたご手腕は、まさしく大経営者と呼ぶにふさわしいものと存じます。

◆ほめ言葉がわざとらしくならないように

斎藤社長のご遺志は必ずや次期社長へ受け継がれ、優秀な社員の方々ととともにさらに発展していかれることでしょう。私どももできる限りのお力添えをさせていただく所存であります。ご遺族の皆様方におかれましては、さぞご心痛のことと存じます。心よりお悔やみ申し上げます。

●書いて供えるものなので、「ご／心痛」など、行をまたがないよう注意

思い出はとめどなく、語り尽くすことはできません。いまは、斎藤社長のご冥福をお祈りするばかりです。どうぞ安らかにお眠りください。

▼「冥福」は仏教用語。ほかの宗教・宗派では使わないこと

●正式な弔辞の折り方・包み方●

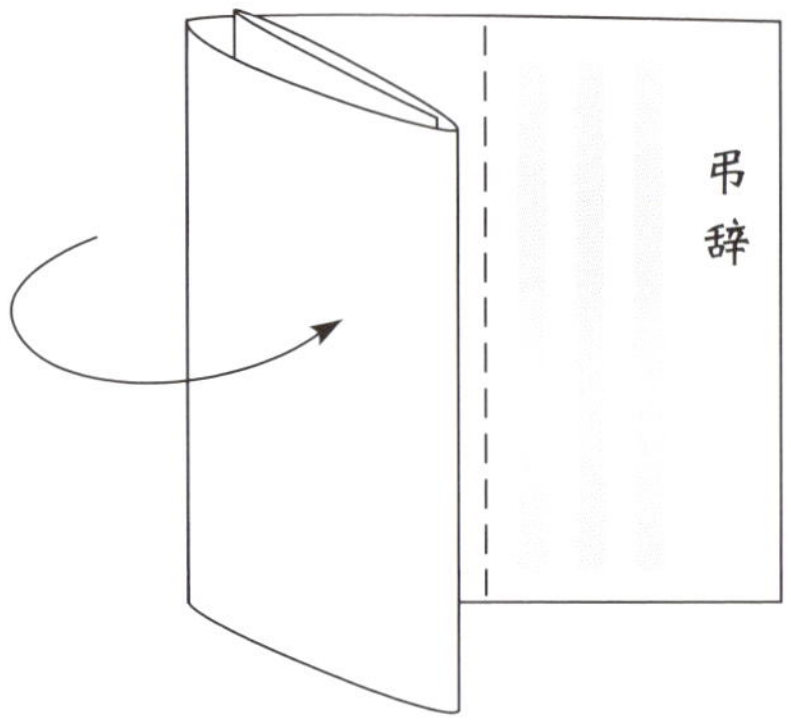

弔辞の折り方

奉書紙《ほうしょがみ》の場合、清書したら、左からくるくると巻き折りして、書き始めの部分がいちばん外側になるようにする

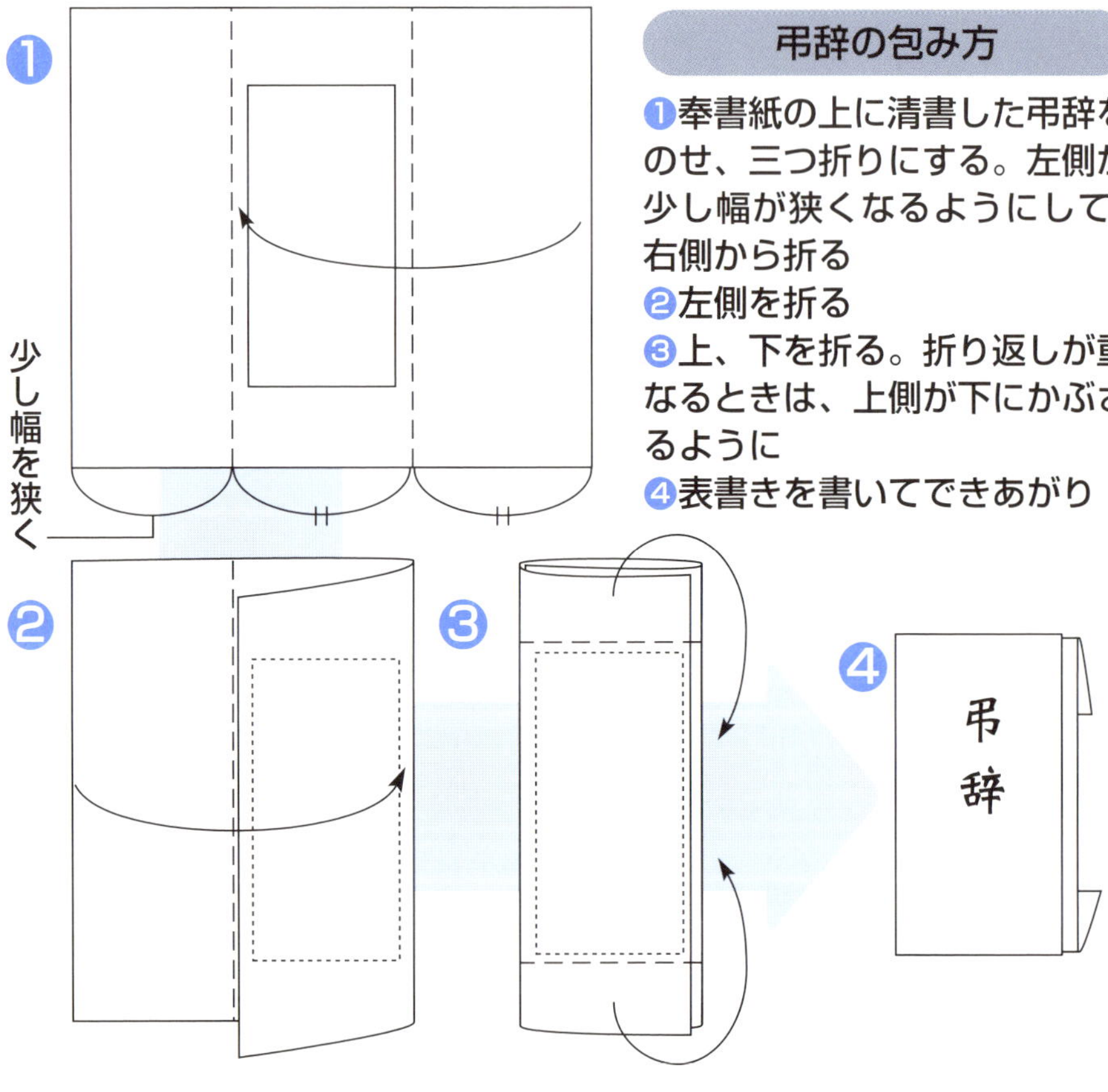

弔辞の包み方

❶奉書紙の上に清書した弔辞をのせ、三つ折りにする。左側が少し幅が狭くなるようにして、右側から折る

❷左側を折る

❸上、下を折る。折り返しが重なるときは、上側が下にかぶさるように

❹表書きを書いてできあがり

弔辞実例
会社編

社葬・団体葬

［取引先社長へ］［同業会社社長へ］
［社長へ］［理事長へ］［組合長へ］
［院長へ］［校長へ］
［葬儀委員長弔辞・会長へ］
［葬儀委員長弔辞・社長へ］
［葬儀委員長あいさつ］

個人葬

［取引先社長へ］［取引先課長へ］
［社長へ］［元上司へ］［上司へ］
［店長へ］［先輩へ］［部下へ］
［元同僚へ］［同僚へ］［後輩へ］

社葬

取引先社長へ

故人＝60代男性、ブライダルコーディネート会社社長。病死
読み手＝50代男性、ホテルの社長

冒頭のあいさつ

株式会社セガワ・ブライダル代表取締役社長、故瀬川英治様のご葬儀にあたり、❶株式会社スカイ・ホテルを代表いたしまして、お別れのごあいさつを申し上げます。

スカイ・ホテルにおきましては、❷ブライダル部門のすべてを瀬川社長とそのスタッフにお願いしており、常に最高度の信頼で結ばれた取引関係でございました。またそれ以上に、瀬川社長と私とは三十年来の友人関係にあり、公私の別なくおつき合いをさせていただいた仲でした。

自分の心境

先日お見舞いにうかがった折にも、「つき合いの長い君にはいうまでもないが、僕の顔が黒いのは、これは病気のせいじゃなく地黒だよ」と笑っておいででした。お見受けする限り、奥様の手厚い看護のもとお元気そうなごようすでしたのに、❸幽明境《ゆうめいさかい》を異《こと》

❶自分の立場を明確にしておく

❷相手の会社との取引関係や、故人と自分との関係を明確にする

❸遺族の気持ちへの配慮から、死を直截《ちょくせつ》に表現する語を避け、このような慣用句を用いることは少なくない。ほかに「他界」「永眠」「不帰《ふき》の客となる」など

故人の業績・人柄

結び

にする定めとなり、まことに残念至極です。ご家族の皆様にも、心からお悔やみ申し上げます。

④瀬川社長の経営者としての手腕は、私どものホテルで披露宴をなさったカップルからの感謝の言葉をみてもよくわかります。どなたも申し合わせたように、「まるで自分のことのように親身に考えてくれたスタッフのおかげで、願いどおりの宴になりました、ありがとう」とおっしゃいます。これこそスタッフ一人一人に対する瀬川社長の薫陶《くんとう》の成果でしょう。現に、「両親に言えないことも担当のあなたになら言える、そう言われるくらいのアドバイザーになりなさい」と、ことあるごとに教え諭していらしたお姿を、私は何度も拝見いたしました。

経営手腕だけでなく、一人の人間としてもたいへん魅力ある方でいらした瀬川社長を失い、セガワ・ブライダル様の痛手と悲嘆には比べようもありませんが、私もまた深い悲しみに襲われております。

⑤いまはただ、瀬川社長のご冥福をお祈りするばかりです。どうぞ安らかにお眠りください。

④仕事での関わりや、私的なつき合いなどのなかから、故人の功績を讃《たた》えるための題材を選ぶ

こころ❖がまえ

●社員代表の弔辞とは違って、死亡の報告や、故人の経歴などの要素は必要ない。社葬にふさわしい格式や、取引先との関係に配慮しながら、故人の業績や人柄を中心に語る

⑤社外の人間なので、「悲しみを乗り越えて社業の拡大云々」という文脈は不要。悲しみの表明と祈りの言葉でまとめる

社葬 取引先社長へ

故人＝50代男性、社長。病死
読み手＝50代男性、社長。公私にわたり親交があった

呼びかけ

いまは亡き株式会社ヤマフジ代表取締役社長山藤健志様の告別式にあたり、謹んで弔辞を捧げます。

自分の心境

一時は小康を得て、まもなく全快との朗報が聞けると、それを心待ちにしておりました。昨年の秋にお見舞いにうかがいましたときは、❶ベッドでお食事をなさるまでに回復し、冗談などもおっしゃられ、同行の妻ともども「ご回復も間近だ」と安心しておりましたのに、このように突然にご他界の報に接しましたことは、驚きと悲嘆の極みでございます。

人柄・思い出

山藤社長様とは十年ほど前、お取引を通じて初めておつき合いさせていただきました。落語のような冗談で周囲を笑わせる屈託ない方で、私はいつしか心酔してしまいました。❷冗談を言っても重要なテーマは崩さずに、だれもが自然に意見をいえる雰囲気を作る。小さな取引先のまだ若い私にも分け隔てな

❶闘病中のようすを語る際はくどくならないよう心がける。ことさら遺族の悲しみを呼び覚ますような内容や表現は避ける

❷故人の人柄や思い出はなるべく具体的に語る。自分が接したときの体験、自分が見たこと、感じたことを中心に

こころ❖がまえ

- 故人との親交の度合いにもよるが、社葬での取引先という立場を踏まえ、公私のバランスを
- 社長交代後の先方の状況をわかる範囲で確実に把握、「今後の社業拡大」などの内容に生かす

業績・功績

く、ざっくばらんに接してくださいました。子どものように純粋で、差別を嫌い、正直で正義の正道を歩もうとするお姿は、③人生の師、経営者のお手本として、まさに私の心の拠《よ》りどころでございました。

山藤社長様が山本電工の社長に就任なさったとき、会社はまだ篤田村の隅にある小工場だったとうかがっております。それを一代で今のグループにまで作り上げた、まさしく大経営者でございました。

今後への配慮

近々、現社長に経営をお譲りになるご予定で、今後はご夫婦で海外旅行を楽しみながら、ご家族に囲まれ、お孫さんの成長を見守るという生活になるはずでした。弊社のほうにもご助言をいただくはずでしたのに、まことに残念でなりません。

④今後はヤマフジの皆様がそのご遺志を継がれ、社業のさらなる発展を目指して邁進《まいしん》されることと存じます。至らぬながら、私どももお力添えいたします。

結び

思い出は尽きず、すべて言い尽くすことはできませんが、お別れのときがまいりました。山藤社長、どうぞ安らかにお眠りください。

③前段の具体的な内容をここで総括し、公人としてすぐれた資質を持った尊敬に値する人だったことをまとめる

④先方の状況を把握したうえで、今後の組織の維持・発展にふれる。社外の人間としては「そのためにできる限り支援する」とひとこと添えるのが一般的なスタイル

社葬

同業会社社長へ

故人＝50代男性、老舗社長。交通事故死

読み手＝50代男性、新進同業他社社長

冒頭のあいさつ

株式会社日栄食品代表取締役社長、相馬徳太郎様のご会葬にあたり、株式会社ヒカリフーズを代表いたしまして、惜別の辞を捧げます。

自分の心境

相馬社長と私とは、❶公においては同業という立場から互いに切磋琢磨《せっさたくま》する仲であり、また私においては長年の釣り仲間でございました。その相馬社長のご急逝《きゅうせい》という事態に直面し、私はいまだに信じがたい気持ちと、たとえようもなく深い悲しみで、胸をふさがれる思いでおります。

業績・功績

食品業界における相馬社長のご功績は、まさに業界の巨星と呼ぶにふさわしいものでした。将来のビジョンなどいくつかの点で見解を異にすることがあったとしても、❷それはそれとして社長のご手腕に対する深い尊敬の念は少しも変わりません。近年、業界に対する世間の逆風はたいへん厳しいものがあり

こころ❖がまえ

- 同業他社は仕事上で対立することもある関係なので、両社の関係に配慮して言葉を選ぶ
- 私的なつきあいがあるならそのエピソードにもふれ、公私のバランスのとれた内容にする

❶会社同士の関係、故人と自分との関係を、明らかにする

❷仕事上での意見の違いがあっても、この場では関係ない。ふれるにしても軽くふれる程度にする。あくまでも故人を讃《たた》える文脈であることが大切

ますが、「よいものはよい、悪い点は改める」という相馬社長の毅然《きぜん》たる経営姿勢には、心から感服しておりました。また、業界の信頼回復のため厳しい日程をおして東奔西走されたお姿には、心底頭の下がる思いでございました。

人柄・思い出

③一方、釣り仲間としての相馬社長は、水のように静かな方でいらっしゃいました。一度釣り糸を垂れたら、アタリが来るその瞬間まで動かざること山のごとし……短気な私などは足元にもおよばず、「釣りはねぇ、釣り上げる行為ではなく釣り上げるまでの過程を楽しむものですよ」と笑われたものです。その超然としたお姿を脳裏に描くたび、深い湖のような魅力をたたえたお人柄が偲《しの》ばれます。

結び

強い牽引力《けんいんりょく》と、人をまとめる人間的魅力を兼ね備えた方だけに、④業界の損失は大きく、また、相馬社長ご自身も道半ばで⑤さぞご無念であったろうと拝察いたします。いまはただ「お疲れさまでした。安らかにお眠りください」としか申し上げられません。相馬社長のご冥福を心よりお祈り申し上げます。

③私人としての人柄を紹介することで、バランスのよい構成になる

④今後の業界は私どもにおまかせください、といった言葉は同業他社としては禁句。「今後の決意」は相手の会社の弔辞にまかせる

⑤突然の死に対しての結びの言葉は、「無念でしょうけれどもいまは安らかにお眠りください」という形にまとめるとよい

社葬

同業会社社長へ

故　人＝60代男性、社長。以前読み手の会社に在籍。急な病死
読み手＝60代男性、同業他社社長

呼びかけ

本日ここに株式会社藤沢化学社長・故戸田秀幸様の告別式が執り行われるにあたり、謹んでお別れの辞を申し上げます。

自分の心境

❶柿やみかんが色づいて、秋の深まりをいっそう感じさせた秋のある朝、戸田社長は洲本市のご自宅で胸の苦しみに倒れられ、❷大学病院の救急病棟にて、六十九年の生涯を閉じられました。近いうちにまたおうかがいして、奥様もごいっしょに会食をと考えておりましたのに、こうしてお別れを申し上げることになろうとは、痛恨の極みです。

戸田社長は❸昭和○年、香川のお生まれで、帝都大学ご卒業後、株式会社函水化学にご入社。営業に携わられたのち、昭和○年に今日の藤沢化学の礎になる函戸化学研究所をご創業されました。

社長の経営者としての非凡さは、その業績から知

❶やや文学的な表現を適度に差し挟むことで、悲しみを物静かに、かつ強く訴えることができる

❷立場上から、葬儀代表者のあいさつに近い内容。ここでは自分の心境を語るとともに「死去の報告」もしている

❸この段も右と同様に、「経歴・業績」の要素を入れている。ほかのあいさつと重複しないよう簡潔に留めておく

経歴・業績

るべきでしょう。藤沢化学は創業三十五周年を迎えようとしております。常に基礎研究を応援し、最新の装置を導入するその経営姿勢は、医薬に携わる者としての真摯《しんし》な思想と誠実さを語っています。

④個人の自主性を重んじる社長は、自主独立の社風を醸成するため、社内に「盛夏会」を創設されました。担当職務にとらわれない交流と、自由かつ効率的なグループの奨励は、御社に安定成長をもたらす人材育成につながったと拝察しております。

今後への配慮

そんな戸田社長のご遺志は、必ずや次期社長へ受け継がれ、優秀な社員の方々とともに具体化していかれることを信じて疑いません。私ども函水化学といたしましても、御社のいっそうのご発展にできる限りお力添えをさせていただく所存であります。

結び

戸田さん。あなたは生まれも育ちも違うのにどこかふるさとの懐かしさを感じる友でした。名残は尽きません。ご生前のご厚誼《こうぎ》とご厚情に心より御礼申し上げ、お別れのあいさつとさせていただきます。

戸田さん、さようなら。どうか安らかに。

④故人の業績についてはいろいろな人がふれるはずなので、あまり重複しないように、独自の切り口を見つける

こころ❖がまえ

- 他社ではあるが心情的には親会社であり、業界重鎮として葬儀の代表者的な立場にあることを踏まえ、必要な要素を盛り込む
- あくまでも部外者であるという配慮の気持ちは忘れずに

社葬

社長へ

故人＝50代男性、社長。交通事故死
読み手＝40代男性、社員代表。部長級では最年少で、故人の信頼を得ていた

冒頭のあいさつ

本日ここに、故久米広隆社長の葬儀が執り行われるにあたり、社員一同を代表いたしまして、謹んでお別れのごあいさつを申し上げます。

社長の❶突然のご他界という思いがけない悲報に接し、私どもはただ呆然《ぼうぜん》とするばかりです。つい先日までいつものお元気なお姿を拝見しておりましたから、まさかこのような事故が起ころうとは、いまだに信じられない思いでおります。

死亡の報告

久米社長は❷二月七日午前十時三十五分、五十七歳の生涯を閉じられました。ここに深く哀悼《あいとう》の意を表するとともに、ご家族の方々には心よりお悔やみ申し上げます。

故人の経歴

社長は三十九年前、高卒でわが社へ入社され、エンジニアとして長年の経験を積まれたのち、役職を歴任、代表取締役社長の座へ昇りつめた文字どおり

❶まずは、急逝《きゅうせい》に驚き悲しむ気持ちを率直に表現する

❷とくに事故死の場合は死因にあえてふれないほうがよいことも多い。「事故による出血多量で」などとわざわざ報告する必要はない

こころ❖がまえ

- 突然の事故死ということで社内の動揺は大きい。悲しみを語りながらも一致団結を強くうたう
- 社葬にふさわしい格式は格式として、あまりに事務的すぎて冷たい印象にならないよう注意する

業績・功績

努力の人でいらっしゃいます。

社長はよく「自分は叩き上げだから」と笑っておいででしたが、❸エンジニアご出身というご経験を生かし、いわゆる現場第一主義で今日のわが社の繁栄を築かれたことは皆様ご存じのとおりです。上に立つ者はともすれば下の事情を無視した大局的な運営方法ばかりにとらわれがちですが、自ら社員一人一人に接し、ともに語り、考えることを経営の理念としてきた社長のご方針こそ、リーマンショックの荒波を乗り切り、業界第二の地位までわが社を押し上げた原動力であったといって過言ではありません。

今後の決意

社長を失った悲痛の大きさは例えようもありません。しかし、心の痛みは痛みとして、❹私どもはこれまでの社長のお教えを糧《かて》とし、新社長のもと一致団結して社業の発展に努めますことを、ここにお誓い申し上げます。社長から賜ったご恩義に報いるためにも、粉骨砕身する決意でございます。久米社長、私どもをお見守りください。

結び

社長、どうぞ安らかにお眠りください。

❸故人の業績を讃《たた》えるため、叩き上げという個性を生かした内容にする

❹社としての前途には揺るぎがないことを表明する。また、新社長の存在にもひとことふれ、新体制下での一致団結を強調しておく

社葬
社長へ

故　人＝60代男性、社長。社運隆盛の気運のなかでの急な病死
読み手＝40代男性、社員代表

呼びかけ

謹んで、小野哲夫社長のご霊前に、社員を代表して哀悼《あいとう》の意を表します。

自分の心境

社長の急逝《きゅうせい》という現実を前に、いま私たち社員一同は、❶よるべき大樹を失った鳥のごとく、荒波の下で羅針盤《らしんばん》を失った船のごとく途方に暮れております。亡き社長のご先導は、漆黒の海に灯台を見るがごときでありました。いまさらながらに振り返り、目頭が熱くなる思いでおりますとともに、小野社長のご指導には感謝の言葉もございません。

人柄・思い出

われわれ社員に仕事の厳しさを教えてくださった小野社長は、❷徹底した合理主義で経営を推し進める、活動的なリーダーでありました。だれにでもわかる言葉で成功への道をお示しになる社長のお知恵は、われわれ社員一同の指標でありました。卓越したリーダーをいただくわれわれは実に幸福でした。

❶悲しみの表現には慣用句が多い。思考がまとまらない状態でもそれなりに整った文になる、適度に抑えた表現になる、などの利点があり、上手に利用したい

❷故人の人柄を語る言葉はなるべく簡潔に。社外の人間にもわかりやすく

業績・功績

バブル経済の崩壊から現在まで、社長には数多くの社内改革をしていただきました。❸大砲のように野太いお声で「失敗を恐れるな」と檄《げき》を飛ばす社長の力強い姿勢は、社内に積極果敢さを生み、いま見るとおりの隆盛の基礎となったと拝察します。

今後の決意

社長は、新プロジェクトの計画中でございました。われわれ社員一同、このうえは❹社長のご遺徳ご偉業を受け継ぐ誇りある社員として、一致協力して未来を開き、発展させていきたいと存じます。

関係各社の皆様には、今後とも倍旧のお力添えのほど、よろしくお願い申し上げます。

遺族への配慮

ご遺族の皆様方のご胸中は、察するにあまりあります。できる限りのご支援はさせていただきますので、お心をしっかり持たれ、悲しみから立ち直られますようお祈り申し上げます。

結び

生あるもの必滅すると申します。会うは別れの始めとも申しますが、とうとう社長とのお別れがやってまいりました。名残は尽きませんが、あらためて社長のご冥福をお祈りして、弔辞といたします。

❸故人のエピソードにふれる際は、それが社長や団体の長としての一つの側面を語るものになるように配慮する

❹「今後の決意」では、悲しみのなかにも強い意志を表現する

こころ❖がまえ

- 社員から社長への礼儀にかなった十分な敬意を払い、敬語表現など言葉遣いにも注意する
- 今後の社業拡大や遺族への配慮にふれる際は、一社員としての分を守った適切な表現を選ぶ

団体葬

理事長へ

故　人＝70代女性、私立音大の学園理事長。クリスチャン。病死

読み手＝60代男性、職員代表。学園副理事

冒頭のあいさつ

故篠原淑子理事長の霊に対し、学園職員を代表いたしまして、惜別の辞を捧げます。

理事長の訃報《ふほう》に接し、私ども職員一同は深い悲しみとともに、偉大な指導者を失った喪失感を強く感じております。

死亡の報告

篠原理事長は四月二十日午後三時三十二分、心不全により永眠されました。当学園の代表として深く❶哀悼《あいとう》の意を表します。また、ご遺族の方々には心からのお悔やみを申し上げます。

故人の経歴

篠原理事長は若年にして国内の音楽家育成のための指導者たる道を志され、❷昭和〇年に当学園を創立、その自由な校風と早くから国際化の道を開いたことで内外の注目を浴びました。当学園が現在の日本を代表する音楽家たちを輩出したことは、皆様もよくご存じのとおりです。

❶「ご冥福をお祈りします」でもよい。ここでは故人がクリスチャンなので「冥福」という仏教用語は避けた

❷学園の特色を語ることで故人の功績につなげる。宣伝調にならないように注意

こころ❖がまえ

- 故人の功績を讃《たた》えることが主眼。ここでは故人が女性だが、男性の場合と基本は同じ
- 人柄を語るのはよいが、公的な場なので、それが主体にならないよう構成と配分に注意する

業績・功績

　理事長の学園経営者としての敏腕は申し上げるまでもありません。それ以上に、世界を舞台に活躍できる音楽家を育成し、日本にも世界標準の音楽文化を根づかせたい、とのご希望は、「世界に通じる日本の音楽文化を」という理念として、当学園に定着しております。プロの音楽家という存在が世間に認知されるようになってきたことは、理事長の長年のご努力の賜《たまもの》と申し上げても③過言ではないでしょう。

人柄・思い出

　また理事長は、学生たちのだれからも慕われ、彼らが迷いや悩みを語る言葉に親身に耳を傾け、ひと筋の道を示してくださる、④慈愛深い母親のような存在でもありました。

今後の決意

　このように師でもあり母でもあった人を失い、私どもの胸は悲しみでふさがれそうです。しかしながら、理事長のご教訓とご恩義に報いるためにも、私どもは理事長が示してくださった道を頼りに、自分たちで未来を開いていかねばなりません。

結び

　どうぞ理事長、私たちの前進を天上からお導きください。そして、安らかにお眠りください。

③讃える言葉もあまり手放しでは素直に聞けなくなる。客観性と謙虚さを忘れず、その配慮を言葉遣いに表す

④功績を列挙するばかりでは冷たい事務的な弔辞になる。それに配慮して故人の人柄にもふれる。ただしそればかりが中心になってしまうと「無能の人」という印象を与える危険がある。世間にはいまだに女性への偏見も根強いので要注意

団体葬 理事長へ

故　人＝70代男性、医大理事長。病死
読み手＝50代男性、職員代表。職員のなかでも理事長と親しかった1人

冒頭のあいさつ

本日、当式場において学校法人梅林医科大学理事長、故田川寛先生のご葬儀が執行されるにあたり、職員を代表して、謹んで哀悼《あいとう》の辞を捧げます。

自分の心境

❶いまこうして先生のご遺影の前に立ち、ご尊顔を拝しておりますと、この十年余の間の数々の思い出がよみがえり、先生を失った悲しみがあらためて胸に迫ってまいります。

業績・功績

先生にご指導いただいた平成○年から、ご逝去《せいきょ》された日までの約○年間、大学は発展ならびに財政の健全化と安定に向けて、一直線に歩んでまいりました。❷進取の精神にあふれておられた先生は、コンピュータを使った学内の情報化においても時代を先取られ、総合情報ネットワークを全国の大学に先駆けて完成しました。現在は情報のデジタル化と、コンテンツを無駄なく活用するためのソフト開発の過程

こころ❖がまえ

- 葬儀は死者を悼《いた》むもの。しかし団体葬は組織の維持・発展をうたう場でもあり、両方のバランスをとることが大切
- 故人の業績を語ることで、団体の成長の足跡を語る

❶故人の遺影に向かって心境を語る。自然な導入のスタイル

❷故人の人柄を語るには、なるべく新鮮な切り口で。しかも組織としての発展につながる話題を選ぶ

結び　今後の決意　人柄・思い出

にあります。また、大学自体の発展と地域への高度な医療提供を目指す、大学病院の増改築も構想中でいらっしゃいました。

先生は明朗闊達《めいろうかったつ》、職員のだれからも慕われる円満なお人柄で、広い知識をもって問題にあたられる情熱の人でした。先生が発病され一度倒れられたあとのこと、ご自身のご病気に関する知識もおありになる先生に、私は「ご休息を取られてはいかがですか」と申し上げました。そのとき先生は「ここは医者の不養生ということにしておいてくれ」と、手を合わせられたのを覚えております。❸生ある限り職責を全うされようとする先生の、壮絶な生きざまに、私は言葉をなくしてしまいました。

❹私ども大学職員一同は、そんな先生の信念を受け継ぎ、これからも大学の発展と地域の医療に寄与するよう努めることを、ここにお誓い申し上げます。

先生の追憶はあまりに多く、語り尽くせません。どうかいつまでも私どもを見守ってください。先生のご冥福を、心よりお祈り申し上げます。

❸故人が自分の死期を悟っていた場合、それにふれる場合は言葉を選ぶこと。安易な表現では遺族らの悲しみを助長することになる。あくまでも、故人の人柄の一側面を語るというスタイルで

❹今後の決意を述べるのは大切な要素。個人としてではなく職員代表という立場であることを忘れずに

団体葬
組合長へ

故　人＝60代男性、漁業組合長。病死
読み手＝60代男性、組合員代表。漁果では好敵手、組合ではよきパートナー

冒頭のあいさつ

マル洋漁業組合組合長、故須田健吾様のご葬儀に際しまして、組合員を代表してお別れの言葉を申し上げます。

自分の心境

❶須田さん、あんたほどの豪傑がこうもあっけなく逝《い》ってしまうとは、いまだに信じられない。たしかに病魔に倒れはしたが、つい先日の見舞いのときも元気いっぱいで、組合の厳しい現状を伝える私のほうがかえって励まされたほどでした。それが突然の容体急変でこのようなことになってしまい、ただもう痛惜の極みとしかいえません。

遺族への配慮

ご家族の皆様も、きっと信じられない気持ちでいっぱいでしょう。❷心からお悔やみを申し上げます。

須田組合長は、昭和〇年に父親の健次郎さんのあとを継いで「大洋丸」の船長となり、平成〇年からは組合のまとめ役の一人として、平成〇年には満場

こころ❖がまえ

- 故人と親しい人ほど、感情面の抑制に配慮したい。悲しみは悲しみとして、公のあいさつとしての格式や内容を損なわぬように
- 故人の業績や人柄は、だれにもわかりやすく簡潔に説明する

❶敬愛の気持ちを込めた自然な語りかけ。ただし、団体葬にふさわしい品格を損なわないよう、感情の発露はこの一文のみにとどめている

❷公的なあいさつではあるが、遺族への配慮の言葉もひとこと入れる

経歴・業績

一致で組合長となって、マル洋漁業組合を率いてこられました。

そのたくみな経営手腕、行動力、ねばり強さは、皆さんご承知のとおりです。とくに、まだ発明されたばかりの魚群探知機に着目して、当時のだれもが笑いとばし、日々一匹の漁獲もないなかで、探知機の試行錯誤のため「大洋丸」を駆り、ついにその信頼に足る性能の開発と、❸だれもが驚愕した漁果三倍増という成果を挙げた、若き日の「伝説」を知らぬ者はありません。

人柄・思い出

また近年の漁業不況にあっても、常に気力充実し、❹豪放磊落《ごうほうらいらく》な気性はいささかも変わらず、その姿に私たちはどれほど勇気づけられたか知れません。

今後の決意

組合長を失ったいま、私たちはその痛手と悲しみを乗り越え、マル洋組合のいっそうの発展に向け、一致団結して力を尽くしますことを、故人の御霊《みたま》を前に誓います。

結び

須田組合長、本当にお疲れさまでした。安らかにお眠りください。

❸故人の功績をより効果的に伝えるために、印象的でわかりやすいエピソードを選ぶ

❹人柄を簡潔に説明するのに便利な四字熟語は少なくない。「天真爛漫《てんしんらんまん》」「無欲恬淡《むよくてんたん》」など。多用するとかえってわかりにくいのでほどほどに

団体葬
組合長へ

故　人＝60代男性、組合長。組合員から尊敬され慕われていた人格者。病死
読み手＝50代男性、組合員代表

呼びかけ　　自分の心境　　業績・功績

本日組合葬を執行しますにあたり、❶組合員を代表して、謹んで古岡組合長のご霊前に申し上げます。

近年ご健康にも気を遣われていた組合長の入院は、私ども組合員にとっても心配ごとでございました。春も近づき陽気もぬるんでまいりましたのに、❷ご家族の手厚い看護や、医師の治療の甲斐《かい》なくしてご逝去《せいきょ》とは、まことに痛恨の極みです。いまご遺影を前にして思い出が走馬燈のようにめぐり、元気な頃の思い出に、あふれる涙を堪えるばかりです。

組合長は平成○年にご就任なさいました。❸日本経済がグローバル化による変革期を迎え、組合にも社会の変化に柔軟に対応した事業展開が期待されます。組合長は、そんな時代の流動による消費者ニーズの変化に対応するため、新たな取り組みを指導してこられました。循環型社会構築への寄与と安全性

❶個人的な弔辞ではなく代表の立場であることを念頭に。初めに「代表として」の一語を入れておけば自分も進めやすく、聞き手もわかりやすい

❷最期のようすを語る際には言葉を選ぶこと。ことさらに悲しみを増す表現よりも淡々とした率直さが好まれる

❸時代背景に関する説明をひとこと織り込むことで、故人の先見性や功績の素晴らしさを讃《たた》える文脈につながる。故人の属した業種によってはこうした時代把握が重要

結び　今後の決意　人柄・思い出

の強化、経営の活性化は、その主体であります。

組合長はご家庭でもそうであったように、組合においてもよき父であり兄でありました。業務においては厳格な方でしたが、❹ときに賞罰をすれば父兄のように懇切丁寧にその理由を説明し、ときに慰労の場あればお酒に弱くてすぐ寝てしまう、まるで重々しくて丸っこい、文鎮のような存在でした。また、だれでも分け隔てをすることなく、誠実に接してこられたお人柄でも慕われておいででした。

毎月の技術講習は多くの組合員を有資格者に育てあげ、社会的な信用も広く得るにいたりました。この難しい時代での当組合と加入会社の隆盛は、ひとえに組合長の手腕によるところ大であります。このうえは組合長のご努力を空しくすることがないよう、私ども一致協力し、いっそうの努力で事業の充実をはかっていくことをお誓い申し上げます。

組合長のご遺徳、ご偉業を語り尽くすことはできませんが、安らかに眠られることを心よりお祈りいたしまして、お別れの言葉といたします。

❹人柄を語る段では、より親しみを込めた表現や言葉遣いがふさわしい

こころ◆がまえ

- 故人の人柄を語るとともに、組合長としての側面にふれる
- 親しみを込めながらも、親しき仲にも礼儀あり、の態度で
- 部外者にもわかりやすい平易な表現を選ぶ

団体葬

院長へ

故　人＝60代男性、病院長。高齢者医療の新路線を開拓した先駆者。病死
読み手＝50代男性、医師代表。次期院長

冒頭のあいさつ

財団法人愛育会病院院長、故沢田義則様の告別式に臨み、愛育会病院の医師一同を代表いたしまして、哀悼《あいとう》の意を表します。❶

自分の心境

半年前、沢田院長は自ら、今日のこの日が来ることを悟られました。❷その後も傍目にはふだんと変わらず、ひそかに病魔と戦いながら、わずか数日前まで院長としての務めを果たされていました。私もまた一人の医師として、避けられないことと覚悟しておりましたが、いざ今日の日を迎えてみると、想像以上の悲しみがこみあげてまいります。

故人の経歴

沢田院長は慶明大学医学部をご卒業後、同大学病院にて勤務、昭和〇年に愛育会病院へ移られ、平成〇年から院長を務められました。また、平成〇年からは、❸自らが志す新しい高齢者医療の実践の場として当病院の新路線を開かれ、院内のみならず内外の

❶冒頭で自分の立場を明らかにする。ただし、自分が次期院長であることを露骨に強調しない

❷故人が医師の場合、自分の死期を悟っていたケースは少なくない。その覚悟を語ることで、故人の人柄を伝える

❸経歴を伝えるとともに、病院の特色を語るための導入とする

故人の業績

医療関係者の注目を浴びました。

④院長が進めていらした高齢者医療とは、「入院ではなく滞在するための病室」「心のケアも含めたトータルな治療」というものであります。高齢化社会の到来が声高に叫ばれるいま、ようやくあたりまえになりつつある医療の姿を、四十年余り前からすでに実践していらした院長の先見性は、時代が進むにつれますます明らかになってまいりました。また、そうした医療の姿があたりまえになるために、院長の果たされたご功績がいかに大きかったか、それはご参列の皆様ご存じのとおりです。

今後の決意

先覚者たる院長を失った痛手と悲嘆がいかに大きくとも、⑤院長が残されたご功績をさらに発展させ、理想の高齢者医療を追求するため、私たちは今後いっそうの努力を重ねる所存です。

沢田院長、あなたのまいた種を私たちが育て、いつか大輪の花を咲かせるときまで、どうか見守っていてくださるようお願いいたします。

結び

沢田院長、どうぞ安らかにお眠りください。

④部外者にもわかりやすいよう簡潔に説明する。病院の宣伝ではなく、院長の考え方や人柄を伝えるためのものであることを忘れずに

こころ❖がまえ

- 大きな病院の病院葬は社葬と似た形式のものになる。弔辞の内容も社葬に準じると考えてよい
- 特色のある病院であれば、その特色や院長の方針を前面に出した内容にするのも一案

⑤自分が現路線の継承者で、今後の方針も変わらないことを表明しておく。患者やその家族を不必要に動揺させないためにも必要

団体葬
校長へ

故　人＝50代男性、校長。私立の中高一貫教育校の学校長。急な病死
読み手＝50代男性、教職員代表

冒頭のあいさつ
自分の心境

私立賢叡学園学校長、故小島永佑様のご霊前に、❶本校教職員一同を代表いたしまして、謹んで追悼《ついとう》の言葉を申し上げます。

ついこの間まで、小島校長はお元気で校務に取り組んでいらっしゃいましたので、悲報を耳にしたときは、あまりに突然のことに信じられず、ただ驚くばかりでございました。もう校長室のドアを開けても、あの笑顔にお目にかかることはできないと思いますと、まことに悲嘆の限りでございます。

小島校長の❷口癖は「生徒と話をするのが教師の仕事」でした。校舎内で、校庭で、生徒を見つければ気さくに声をかけられ、ときには校長室に生徒を招いてお話しをしておられました。顔を見れば、たいていの生徒の名前はもちろん、クラスや所属しているクラブ、性格までご存じとのことで、生徒たちか

❶初めに自分の立場を明らかにする

❷口癖を引くことで、故人の人柄を伝えるとともに、教師という職業に対しての故人の考えを示す

こころ❖がまえ

- 団体葬という性格上、品格が求められる。言い回しに十分気を配ること
- 個人的な思い出話ではなく、教職員一同の気持ちを代弁するようなエピソードを紹介する

人柄・思い出　遺族への配慮　今後の決意　結び

らの信頼も厚く、出張などでいらっしゃらないときは「今日は校長先生は？」とよく尋ねられたものでした。

生徒からの悩みの相談には親身に耳を傾けて適切なアドバイスをし、行事には率先して参加し生徒といっしょに汗を流す。そのお姿に、❸私ども教職員一同も頭の下がる思いで、学ぶべきことばかりの日々でございました。

校長としての職務だけでも多忙を極めるものでしたが、決しておろそかにすることなく、そのうえであれだけ生徒たちと接する機会を作るのは、相当な仕事量で、知らぬうちに体のご負担となっていたかとも存じます。このようなこととなり、❹ご遺族にはおかけする言葉も見つかりません。

今はただ、校長のお教えを胸に刻み、示された道筋を進んでいくことが、我々教職員の務めであると存じます。

小島校長、どうぞ安らかにお眠りになって、❺私どもの進む道のりをあたたかくお見守りください。

❸一同を代表しての思いを述べる

❹ひとことでよいので、遺族にも気遣いを

❺先に述べた「今後の決意」を、結びの言葉につなげる

団体葬
校長へ

故　人＝70代男性、学校長。病死
読み手＝40代男性、ＰＴＡ会長。卒業生でもある

冒頭のあいさつ

本日ここに、故荒船志郎校長の告別式にあたり、畑中学園ＰＴＡおよび卒業生一同を代表して、謹んでご霊前に弔辞を呈します。

自分の心境

悲しきかな、慈父のごとき師と別れ、悲しきかな、新たに教わる術《すべ》もなし。このたびの校長の訃報《ふほう》には、一同言葉もなく、景色も色あせる思いであります。

先生は大きな柱石でありました。

業績・功績

生徒は現場の先生のことしかわからないものであります。が、❶やがて卒業をして子どもを持つと、学校全体としてどのような教育だったのか、親はなぜその学舎を選んだのかと、考える機会を得ます。

荒船校長は学校の伝統を大切にし、ＰＴＡと相互理解を深め、教職員の信頼を得て、大きな改革をなさいました。落ちこぼれをくい止める補習制度を確立し、教師は働きやすく生徒は学びやすい、清潔で

❶学生時代は学校の運営方針まではあまり意識しない。校長の業績を語る前に、「いまあらためて考えれば」のように話を進めれば、聞き手も納得しやすい

こころ❖がまえ

- 故人の業績についてそれなりの知識があれば、それを中心に、なければ思い出を中心に語る。
- 当事者だけが理解できる内輪の内容は避ける。いわば閉ざされた世界である学校だけに要注意

創造的な環境をお作りになりました。いまさらながら教育の真髄にふれる思いです。校長はまさに教育者の鑑《かがみ》でありました。人間としてのマナーも含め、卒業生の現在は学園の指導によるところ大です。❷一同を代表し、あらためて感謝いたします。

今後への配慮

　昭和〇年に開校された畑中学園は、本年、七十周年を迎えます。この節目の年に校長を失うことの悲嘆はあまりあるものです。ですが必ず、❸荒船校長の志は、その徳を受けた教職員の手によって立派に継がれていくでありましょう。PTA一同も微力ながら協力し、支援を惜しまぬ所存です。

遺族への配慮

　校長のご遺族の方々には、大切なお時間の多くを学園のためにいただいたこと、あらためて感謝いたします。大黒柱を失われたご家族のご心痛はいかばかりかとお察しいたします。PTA、卒業生一同が力を合わせ、お役に立つつもりでおります。

結び

　いろいろ無遠慮を申しましたが、心よりの感謝ゆえとご理解願います。安らかなご昇天をお祈りし、最後の「先生さようなら」を申し上げます。

❷業績や功績を語る場合、元生徒から校長へという立場を忘れずに。業績を評価したり解説したりするのではなく、その成し遂げたことに感謝する、という文脈で語る

❸今後のさらなる発展を祈る言葉のあとは「自分たちも協力を惜しまない」のように続ける。元生徒だがいまは学外の人間なので、支援の申し出は必要な要素の一つ

社葬　葬儀委員長弔辞
会長へ

故　人＝70代男性、会長。全国チェーン展開を成功させた創業者。病死
読み手＝60代男性、社長。創業以来の右腕

冒頭のあいさつ

シムラドラッグ株式会社会長、故志村直人殿❶の社葬を執り行うにあたり、社員を代表いたしまして、謹んで惜別の辞を捧げます。

質実剛健の社風を、ご自分の心身をもって実践されていた会長の悲報に接し、私たち社員一同は驚きとまどうとともに、大きな心の支えを失った悲しみをどうすることもできません。

死去の報告

❷志村会長は一月六日午後二時二十五分、心不全により七十四年の生涯に幕を降ろされました。会長のご冥福をお祈りいたします。また、ご遺族の皆様には心よりお悔やみを申し上げます。

故人の経歴

❸志村会長は若くしてシムラ薬品をご創業され、その先見性と経営手腕により、一代にしてシムラドラッグを全国展開のチェーンへ発展させた立志伝中の人であります。

❶身内への敬称という観点から「殿」を用いる例がある。「様」が非常識というわけではない

❷死亡状況を簡潔に報告する。社葬で社を代表する立場の弔辞ではこの報告を入れることが多い

❸故人の経歴を簡潔に紹介する

業績・功績

❹そのご功績は枚挙にいとまなく、たとえばオイルショックの到来を予見して原料高騰の危機から会社を救ったエピソードなどは、わが社における伝説としていまも語り草となっております。

また、薬品販売業界全体の舵取り役としても長年にわたって重責を担われ、その統率力と豊かな人間性によって業界をまとめてこられました。

そんな会長を失ったわが社、わが業界の損失はまことに大きいといわざるをえません。しかしながら、

今後の決意

❺会長のご遺志を継ぐこの悲しみを明日の糧《かて》として、私どもが、さらなる発展へと尽力いたしますことを、ご霊前にてあらためてお誓い申し上げます。

志村会長と私とは、創業当時からの戦友です。「健康第一、薬品第二」が口癖でいらした会長の、売らんかなの儲《もう》け主義とは対局にあったご方針は、常に私の模範とするところであります。ご遺志に背かぬよう精進を重ねる所存ですので、ご列席の皆様にもよろしくお願い申し上げます。

結び

志村会長、どうぞ安らかにお眠りください。

❹故人の業績を伝える。あくまでも故人を讃《たた》えるためのものであり、会社の宣伝ではないことに注意する

❺今後の決意を述べる。故人を失った痛手は大きいが、社としての方針には揺るぎがない、という内容で

こころ❖がまえ

- 一般的な職場関係の葬儀よりも、社葬は公的な意味合いが強い。それにふさわしい格式が必要
- より公的なだけに、構成にも一定の型がある（各ポイント参照）。その型を踏まえて話す

会長へ

社葬 葬儀委員長弔辞

故　人＝80代男性、会長。実務からは退いている。病死

読み手＝60代男性、社長。会長の後継者

冒頭のあいさつ

本日、荒川電子株式会社初代会長・故大畑広泰殿の告別式にあたり、謹んでそのご霊前に、心からの哀悼《あいとう》の意を申し述べさせていただきます。

死去の報告

❶秋も深い昨年の十一月二十日、午後四時のことでございました。大畑会長はご自宅で突然、❷胸の苦しみを訴えられ、中田区立病院へ緊急入院されました。その後、心筋梗塞から急性左心不全を併発し十二月二十日に卒然としてご逝去《せいきょ》。享年八十七歳。ご家族に見守られての、大往生でございました。

故人の経歴

大畑会長は昭和〇年、栃木県鹿沼市に五人兄妹の長男として誕生されました。旧制高等学校を卒業後、農機具の販売会社あけぼのを創業。昭和〇年に社名を荒川電子株式会社とし、電子部品の製造を始められました。その後、下松電機産業や福福商会との取引をはじめ、平成〇年に会長職へ就任されるまで、

❶代表者としての立場を踏まえ、死去の報告をする。経歴の紹介なども同様

❷ここでは死者への敬意などの理由から、自社の人間であっても敬語を使用

こころ❖がまえ

- 弔辞は故人に捧げるもの。しかし葬儀委員長という立場から、対外的なあいさつの一面もある
- 実務からは遠ざかっていた相手だが、「まだまだ会社に必要」という文脈で構成する

業績・功績

社長として経営に専念されました。

大畑会長は、取引先偏重に陥りがちな風潮には必ず「ＮＯ」というお方でした。「戦いは他社とではなく、各自が自分とするものだ」が口癖で❸「誠実こそが基本である」と、社員教育を徹底されました。この言葉は社内のいたる部署に掲示してあります。

手堅い経営手腕で確実に会社を発展へ導き、会長就任後は、全体を見通した貴重なご意見をちょうだいしました。互いの信頼関係の構築と技術の向上、販路の拡大という基本方針はいまも変わりません。

今後の決意

会長なくして今日の繁栄はございません。そして❹この転換の時代にこそ、創業者の知恵が必要でした。ご教授いただきたいことが山ほどございましたのに、無念でなりません。残された私たちにできることは、会長のご遺志を受け継ぎ、荒川電子をいっそう発展させていくことです。

結び

いまこうして永遠の別れに臨み、思い出は尽きません。大畑会長、どうか天から私たちをお守りください。ご冥福を心からお祈り申し上げます。

❸故人の経営理念を語る段では、人により考え方の違う場合もあることに配慮。一方的な考え方をあまり強調しないで、だれもが納得しやすい側面を中心に語るとよい

❹故人の力を讃《たた》えながら、今後の発展につなげる。会長となってからもその指導力は衰えず、いまという時代にこそ必要な人、のように話を進め、「残された私たちは」と決意や展望を述べるのが一般的なパターン

社長へ

社葬 葬儀委員長弔辞

故人＝60代男性、社長。妻に先立たれて数年後の病死

読み手＝50代男性、役員。故人の後継者

冒頭のあいさつ

本日ここに、故桂馬慎司社長の社葬を執り行うにあたり、謹んでご霊前に惜別の辞を捧げます。

死去の報告

桂馬社長は三月十五日午後八時五分、心不全により六十八歳の生涯を閉じられました。社長のご冥福をお祈りいたしますとともに、❶ご遺族の皆様には衷心よりお悔やみ申し上げます。

自分の心境

半年のご闘病のあととはいえ、かつてあれほど頑健でいらした桂馬社長が逝《い》かれてしまったとは、いまだに信じられません。とくに、ほんの数日前、病室でお元気な姿に接し、「次のゴルフ会ではきっと雪辱するからな、勝ち逃げは許さんよ」とお笑いになる声を間近で聞いただけに、いまはただ言葉にならない悲しみと驚きに浸るばかりです。

❷桂馬社長、あなたは多くの日本人が大戦後の混乱にさまよっていた時代からすでに海外貿易を志し、

こころ❖がまえ

- 部下でもあり同僚でもある親しい立場として、敬意と親愛の情を込めて呼びかけの話法を用いる
- 呼びかけのスタイルはとかく感情的になりやすい。社葬の代表者としての冷静さを大切にする

❶社葬の場合、家族への配慮の言葉は必要最小限にとどめておく。社葬は基本的に公人としての故人を悼《いた》む場であるため

❷故人との親しさや悲しみの素直な表現という点から、このような呼びかけの形がふさわしい場合もある

故人の経歴

小さな商事会社にすぎなかったワタナベ貿易の二代目社長となって、以来数十年、わが社を業界大手の一大企業へと発展させました。その不屈の精神と不断の努力は、常に私どもの手本でありました。

業績・功績

あなたの成し遂げられたご功績の大きさは、❸いまさら私が申し上げるまでもなく、社員一同をはじめご列席の皆様が知るところでございます。あなたのお力がなければ、とうていいまのワタナベ貿易はございません。またあなたは、業界全体の重鎮たる役割を務められ、その重責をみごとに果たされました。あなたの豊かな人間性がなかったなら、いまのような業界のまとまりも生まれなかったでしょう。

今後の決意

師とも父とも仰ぐあなたを失って、私どもは悲嘆に暮れております。しかし、そのままではかえってあなたのご遺志に背きましょう。❹私どもはともに力を合わせ、あなたのご教訓を胸に、社業拡大へと邁《まい》進《しん》する所存であります。ワタナベ貿易の将来を天上からお守りくださいますよう、お願い申し上げます。

結び

桂馬社長、どうぞ安らかにお眠りください。

❸故人へ話しかけるスタイルに酔ってしまわず、全体を客観的に見る冷静さを失わない

❹自身が次期社長であることは無理にふれない。あまり強調すると故人の死を喜んでいるように聞こえてしまう

社長へ

社葬 葬儀委員長弔辞

故　人＝60代男性、社長。妻と2人の子を残しての突然の航空機事故死

読み手＝60代男性、役員。故人と同年輩

冒頭のあいさつ　死去の報告・心境　業績・功績

故醍醐雅之社長のご霊前に、社員一同を代表いたしまして、謹んで告別の辞を捧げます。

社長の急逝《きゅうせい》は私ども社員にとり、まことに信じられない突然の痛恨事でありました。❶三月五日、社長が乗られた成田発〇〇便の航空機事故は、当社にとってもつらい事故となりました。あらためて事故の怖さを確認し、社長を失った悲嘆に暮れております。

醍醐社長は就任以来、二つの事業に手を尽くされました。一つは事業費の三十パーセント削減、もう一つが欧州進出であります。❷中間管理職から退職希望者を募ることは、社会変革の時期とはいえ心痛の難事でした。社長は退職社員への再就職支援体制と退職金二十億円をご用意され、社員の意志を尊重しつつこれを達成なさいました。また、今般新しく立ち上げたニジニ市のロシア工場は、欧州進出の礎《いしずえ》と

こころ❖がまえ

- 死去の報告は葬儀委員長の役目の１つだが、事故や自殺など変死の場合は言葉を選び、状況によってはこれを省略する
- 幼い遺児がいる場合などはとくに遺族への配慮を忘れずに

❶事故死の場合は、必要以上に詳しくすべきではないが、許される範囲でその状況を報告する

❷要するにリストラのこと。人によっては反感を買いかねない内容なので、慎重に言葉を選ぶ

人柄・思い出　今後の決意　遺族への配慮　結び

なる工場です。この工場は本年三月から、予定どおりに操業を開始しております。どちらも、醍醐社長の粘り腰なしには成し遂げられない事業でした。

社長はシビアな反面、心のあたたかい方でした。やさしい父のような心配りをされ、❸コンピュータ二〇〇〇年問題が危ぶまれたときは、年をまたいで仕事をした全国の担当社員にポケットマネーでランチ券を配られるなど、人の気持ちをお考えになるお方でありました。社員一同、そのお人柄をお慕い申し上げておりましたのに、まことに残念であります。

醍醐社長のご遺志を継いだ社員一同、今後はいっそうの努力をもって一致協力し、邁進《まいしん》していくことをお誓い申し上げます。❹ニジニ市ヴォロゾフ市長からも、協力のお約束をいただいております。

またご遺族の方々には、のちの心配がないよう、社として最善を尽くすことをお約束いたします。

まだお名残惜しくはございますが、あらためてここに哀悼《あいとう》の意を表し、弔辞とさせていただきます。

醍醐社長、安らかにお眠りください。

❸人柄を語るエピソードは具体的に。時代背景を踏まえた印象的なできごとなどは、聞き手にもわかりやすい題材

❹社業の発展には滞りないということを確認する。宣伝ではないが、対外的な評価を維持するために社葬では必要な要素

会長へ

社葬　葬儀委員長あいさつ

故　人＝70代男性、医療機器メーカー会長。急な病死

読み手＝60代男性、社長。後継者

冒頭のあいさつ・会葬へのお礼

朝日メディカル社長の岩下宏介と申します。❶葬儀委員長としてひとことごあいさつ申し上げます。本日は皆様ご多用の折、突然のことにもかかわらず、朝日メディカル会長・故上田正之の❷葬儀にご弔問くださいまして、まことにありがとうございます。また、先ほどはお心のこもったご弔辞を賜り、ご遺族ならびに社員一同を代表いたしまして、厚く御礼申し上げます。

業績・功績

上田会長は若くしてわが社を率い、朝日メディカルを業界大手へ押し上げた功労者であります。とくに、医療先進国アメリカでさえも製品化のめどが立っていなかった時代に、医療用レーザーの開発に取り組み、苦難の末にこれを成功させた功績は、わが社のみならず日本の医療技術史における❸嚆矢《こうし》といって過言ではないでしょう。

❶葬儀の代表者としてのあいさつであることを最初に明言しておく

❷参列に対してのお礼はもちろん、弔辞へのお礼も忘れずに

❸「嚆矢」＝ものごとの始まりの意

厚誼へのお礼

もちろん、④弊社の成功が一人故人の業績でなく、ご参列の皆様はじめ多くの方々の故人へのお力添えあってのことであるのは申すまでもありません。この場をお借りし、故人になり代わりまして、深く感謝申し上げる次第でございます。

今後の決意

ここに大黒柱たる会長を失ったわが社の損失はまことに大きいと言わざるを得ません。しかしながら、この悲しみを明日の糧《かて》として、会長のご遺志を継ぐ私どもが、さらなる発展へと尽力いたしますことを、ご霊前にてあらためてお誓い申し上げます。

会長のご遺志に背かぬよう、精進を重ねる所存でございますので、ご列席の皆様にも⑤変わらぬご指導とご鞭撻《べんたつ》をよろしくお願い申し上げます。

遺族への配慮

⑥また今後とも、故人の存命中と同様、ご遺族へのご厚誼《こうぎ》を賜りますようお願い申し上げます。

結び

本日はご会葬ありがとうございました。何かと行き届かぬ点も多くご迷惑をおかけしたかと存じますが、謹んで皆様に御礼申し上げ、結びとさせていただきます。

④故人の功績を讃《たた》えながらも、「社の発展は皆様の協力あってこそ」という気持ちを忘れない

こころ❖がまえ

- 一般の弔辞と異なり、悲しみの表現よりも葬儀の代表者としての要素がより重要。会葬者へのお礼、遺族への厚誼のお願いなど
- 代表者にふさわしい格式と言葉遣い、礼儀を踏まえて離す

⑤今後の決意を述べ、協力をお願いする

⑥遺族への厚誼のお願いも忘れずに入れておく

社葬 葬儀委員長あいさつ

相談役へ

故　人＝90代男性、相談役。現役を勇退して数年後の病死
読み手＝70代男性、社長。私的にも親しい

冒頭のあいさつ・会葬へのお礼

ご会葬の皆様、本日は内外製紙相談役・故本間孝宏の葬儀にご参列賜りまして、まことにありがとうございます。ご遺族ならびにご親族になり代わりまして、厚く御礼申し上げます。私は内外製紙社長の小野寺行男と申します。葬儀委員長として、ひとことごあいさつを申し上げます。

死去の報告

本間相談役は、❶七月十五日午後八時五分、心不全により八十一歳の生涯を閉じられました。相談役のご冥福をお祈りいたしますとともに、ご遺族の皆様には哀心よりお悔やみを申し上げます。

自分の心境

一年余のご闘病のあととはいえ、頑健なお仕事ぶりに半世紀にもわたり同僚として接してきた私は、ただ呆然《ぼうぜん》とするばかりです。とくに、先年勇退されてからも相談役としてお元気に活躍されていただけに、❷いまだに信じられません。

❶葬儀の式次第の最初のほうであいさつする場合は、代表として、故人の死亡報告を行う

❷葬儀委員長の立場上、心情の吐露はなるべく控える。ただし故人と深い親交があった場合、あまり事務的すぎるのもかえって不自然。バランスのとれた表現と構成を心がける

経歴・業績

本間相談役は第二次大戦後の紙不足の時代に、郷里の名水にヒントを得て製紙会社を興され、高度経済成長期から現代まで苦節数十年、弊社を業界大手の一社に数えられるまでに発展させました。

紙からデータへの移行が叫ばれるなか、伝統文化としての紙の価値を説き、守り続けていらした相談役のご功績の大きさは、いまさら私が申し上げるまでもなく、ご列席のだれもが知るところです。

もちろんそれは、ここにおいでの皆様をはじめ多くの方々に支えられてのご功績であります。❸この場をお借りして、故人が生前に賜りましたご厚誼《こうぎ》に対し、あらためて深く感謝申し上げる次第です。

今後の決意

文字どおりのよき相談相手であった本間相談役を失い、深い悲嘆の境地にある私どもですが、嘆いてばかりいるわけにもまいりません。ともに力を合わせ、相談役のご教訓を胸に、社業拡大へと邁進《まいしん》する所存でございます。ご列席の皆様にも、今後いっそうのご指導ご鞭撻《べんたつ》をお願い申し上げます。

結び

本日はまことにありがとうございました。

❸感情に流されず、葬儀委員長としてのあいさつの要素は欠かさないよう注意する。故人の業績を語り、会葬者へその協力へのお礼を述べることなどはとくに大切な要素

こころ❖がまえ

- 故人ととくに親しい間柄にあったことを踏まえ、代表者としての体裁を守った節度ある表現のなかで、自分の心情にもふれる
- 感情的なあいさつにならないよう、最後まで冷静さを保つ

個人葬
取引先社長へ

故人＝70代男性、社長。病死
読み手＝60代男性、社長。故人の会社へシステム開発を依頼

冒頭のあいさつ

曙システム株式会社代表取締役社長、故岡山敬様のご葬儀にあたり、❶大村商事を代表いたしまして、謹んで惜別の辞を捧げます。

人柄・思い出

❷岡山社長と私とのおつき合いは、四十六年前、わが社が初めてシステム化に踏み切ったとき以来です。当時はまだコンピュータの理解者も少なく、その将来性を語る者もない時代でした。そんななか、不慣れな私たちに手に手をとって教えてくださり、また、未来のシステムに関するビジョンと熱い思いを語ってくださったのが、岡山社長でした。その先見性と情熱を思うとき、いまさらながら岡山社長を失った痛手の大きさを思わずにおれません。

岡山社長と私とは、❸依頼者と開発者という仕事上の関係にとどまらず、よき友人としてもおつき合いをさせていただきました。半年ほど前の親睦会《しんぼくかい》の席

❶社を代表して述べるものであることを最初に伝えて、自分の立場を明確にしておく

❷人柄や思い出を語るには、初めて会ったときの出会いや印象を題材にするのもよい方法

❸社葬ではないので、会社同士よりも相手と自分との関係を中心に題材を選ぶ

自分の心境

では、二人で熱い議論のあげく、この続きはいずれまたどこかの名店で一献傾けながら、とお約束したものです。

ところが、その再会は思いもかけず、岡山社長の病床で実現することになりました。病床にありながらいつもどおりのお元気そうなごようすを拝見して、ひと安心しておりましたが、それがこのようなことになろうとは……。お約束もついに果たせず、まことに残念な思いでいっぱいです。

遺族・取引先への配慮

ご遺族の皆様のご悲嘆には、申し上げるべき言葉もありません。ただただ、心からのお悔やみを申し上げる次第です。

また、❹曙システムの皆様には、今後ともいままでと変わらぬおつき合いをさせていただけますよう、よろしくお願い申し上げます。

結び

岡山さん、いずれ、のちの世でお約束を果たすときが来るでしょう。その再会をあらためてお約束して、私の弔辞とさせていただきます。

どうぞ安らかにお眠りください。

こころ❖がまえ

- 社葬ではなくても、立場上、社葬に準じる格式と表現、態度を心がける
- ただし、内容的には個人的なつき合いが中心。業績や両社の関係にふれる部分はひかえめに

❹会社同士としての内容もひとことふれておく。社長が亡くなっても社としての関係は変わらないことを簡潔に

個人葬

取引先課長へ

故　人＝40代男性、設計事務所課長。突然の交通事故死
読み手＝40代男性、工務店の課長

冒頭のあいさつ

故江藤裕幸課長の告別式に臨み、謹んで哀悼《あいとう》の意を表します。

❶このような別れの日が突然に訪れることがあろうとは、私はもとより、ご列席の皆様だれもが信じられない思いをされていることと存じます。まことに痛恨の念に堪えません。

自分の心境

江藤課長がすぐれた設計技師でいらしたことは、いまさら私が申し上げるまでもありません。ただ、私をはじめわが社として、その技術に常に全幅の信頼を寄せておりましたことを付け加えるのみでございます。西新宿の某社のビルが江藤課長の手によるものであることは、皆様ご存じのとおりです。先鋭的な美と、環境に配慮したやさしさをあわせもつ傑作は、江藤課長あってのものです。

❷ご遺族の悲嘆はもとより、ＨＫ設計事務所様にと

❶事故死という急な死なので、すぐには信じられないという率直な思いを前面に

❷たしかに痛手だが、その損失を遺族以上、相手の会社以上と表現してはならない。遺族＞相手の会社＞自分の会社、と順序に気をつけて

こころ❖がまえ

- 自分が社外の人間であることを意識し、出しゃばりすぎない態度を心がける
- 列席者には取引先の会社の人間も多い。仕事の話はしても微妙な用件にふれるのは避けること

りましても、わが社にとりましても、江藤課長のこのような急逝《きゅうせい》はまことに大きな痛手でございます。

私と江藤課長とは仕事を通じて知り合った仲ですが、すぐに意気投合し個人的にも親しくおつき合いをさせていただきました。何より、自らの設計に対する妥協を許さない真摯《しんし》な態度は、仕事の上でも友人としても深く尊敬してまいりました。

人柄・思い出

一方、❸ひとたび仕事を離れればやんちゃ坊主の一面をもつ愛すべき九州男児であり、愉快な飲み友達でもありました。夜を徹して語り合ったよき日を思うと、思わず胸が熱くなります。

また、江藤課長はよき家庭人であり、人もうらやむおしどり夫婦で知られていました。それを思えば、残された奥様はじめご遺族にはさぞお力落としのことと存じます。皆様のご心中、深くお察し申し上げます。❹何かのお役に立てばと弊社の課員を同道いたしましたので、何なりとお申しつけください。

遺族への配慮

江藤課長、どうぞ安らかにお眠りください。心よりご冥福をお祈りして、弔辞とさせていただきます。

結び

❸立場上、礼にかなった言葉遣いは基本。しかしあまりにも形式的な表現ばかりでは哀悼の意が伝わらないので、思い出を語る口調は自然な調子で

❹ひかえめに協力の意志を伝えておく

個人葬 社長へ

故　人＝60代男性、社長。病死
読み手＝60代男性、副社長。故人といっしょに会社を立ち上げた

冒頭のあいさつ

　故阿部俊一郎社長のご霊前に臨み、謹んで最後のごあいさつを申し上げます。

自分の心境

　❶阿部社長と私とは会社設立以来、四十年のおつき合いで、同僚というよりむしろ戦友というべき間柄です。その彼が重病の床にあると異国の地で聞き、すぐにも帰国しようとする私を、「いまが拠点拡大のための正念場だから」と固辞したのは、阿部社長ご自身でした。自分よりも周囲の者、会社全体を気遣う阿部社長らしいご配慮でした。が、そのためにご逝去《せいきょ》の場に立ち会う機会を逸したことは、私として❷慚愧《ざんき》の念に堪えません。

　思えば、阿部社長は仕事に対しては非常に厳しい面もございましたが、一方で、社員一人一人に細やかな心配りをされ、その温厚篤実なお人柄は社員一同の敬愛の的であり、社長というよりは「父」とし

こころ❖がまえ

- 社葬ではないので仕事一辺倒の内容にせず、遺族への配慮の言葉なども文中に盛り込む
- 立場上から事業内容にふれるのはよいが、あくまでも故人の人柄を語るためであることを考えて

❶自分の立場や故人との長いつき合いを語ることが、率直な哀悼《あいとう》の念を伝えることにつながる

❷「慚愧」＝恥じ入ること

人柄・思い出

て一同から慕われていらっしゃいました。
また、❸ご家族を大切にされることでも常に私どもの範であり、奥様と仲良く手を携えて二人のお子様をお育てになられ、愛情あふれるあたたかいご家庭を築かれました。

遺族への配慮

阿部社長のご逝去が私どもにとり大きな痛手であることはもちろんですが、❹それ以上に、ご遺族の悲嘆の深さはいかばかりかと思うにつけ、いまはただ申し上げるべき言葉もございません。
ご遺族の皆様には、心からのお悔やみを申し上げます。さぞお力落としのことと存じますが、よき夫、よき父であった社長が安心して眠りにつけるよう、一日も早く悲しみを乗り越えられますことをご祈念申し上げます。また、❺私どもといたしましても、できうる限りのご支援をさせていただきますことを、この場にてお約束申し上げます。

結び

阿部社長、今後のことは私たちにまかせて、どうか安らかにお眠りください。社員一同を代表して、心から哀悼の意を表します。

❸「家庭を顧みない仕事人間」という印象を与えないよう、職場だけでなく家庭人としてのエピソードも文中に入れる

❹遺族の悲しみを第一に尊重し、会社の損失を強調しすぎない態度で

❺社の代表として、遺族への配慮を表明する

個人葬 社長へ

故　人＝70代男性、社長。急な病死
読み手＝60代男性、役員。故人とは家族ぐるみのつきあい

冒頭のあいさつ

紳士服「ウキタ」代表取締役社長、宇喜多洋次様の御霊《みたま》に、謹んで惜別の辞を捧げます。

自分の心境

宇喜多社長のご逝去《せいきょ》に際し、私ども社員一同、深い悲しみと驚きを禁じ得ません。ご存じのとおり、社長は喜寿を越えてますますお元気、仕事では常に陣頭指揮に立ち、私をはじめ若い社員のほうがかえってそのお元気ぶりに励まされるほどでした。それが、❶このような突然の悲報を聞くことになるとは、正直、とまどいを隠せない心境でございます。

人柄・思い出

宇喜多社長が、わが社の前身である衣料品店をご創業されたのは、石油危機による不況の影が色濃い時代でございました。以来、現在に至るまで自ら日々、❷刻苦精励され、その卓越した経営手腕によって激動の昭和、混迷の平成を生き抜いてこられました。

一方、ご家庭にあってはよき夫、よき父、よき祖

こころ❖がまえ

●高齢とはいえ社長として現役で第一線にあった故人。その悲報を聞いた驚きを率直に表現する

●突然の悲報で心は乱れやすい。悲しみは当然だが、社を代表する立場でもあり、冷静さは必要

❶その死が急だった場合、悲しみとともに驚きの気持ちを伝えることが素直な敬愛の表現となる
例▼「ただ呆然《ぼうぜん》」「いまだに信じられない」など

❷「刻苦精励」＝苦労しながら精いっぱい頑張ること

今後の決意　遺族への配慮　結び

父であり、とくに、最近はお孫さんのご成長を何より楽しみにしていらっしゃるごようすでした。③そのお話となるとお顔はまったくの別人になられ、うかがう私も心あたたまる思いがしたものです。

④私は現在、カジュアル服路線を基調にした新店舗設立のため東奔西走しておりますが、この事業展開も社長のお考えで進めていたものです。古きにとらわれず、常に新しきに挑戦する姿勢は社長のモットーであり、わが社を支えてきた理念といえましょう。その原動力である社長ご本人を失ったことはたいへんな痛手でございます。しかし、いまやご遺志ともいうべきカジュアル路線を成功させることは、残された私どもの使命と信じております。

ここに謹んでご冥福を申し上げるとともに、新事業への決意をあらためて社長のご霊前でお誓い申し上げる次第です。また、⑤ご遺族の今後のご生活に関しては、後顧《こうこ》の憂《うれ》いなきよう万全の対応をさせていただくことを、社を代表してお約束申し上げます。

宇喜多社長、どうぞ安らかにお眠りください。

③家庭人としてのほほえましいエピソードを挿入することで、故人の人柄をより幅広く知ってもらうことができる

④社を代表する立場として、故人の遺志を継いで事業を発展させていくことを申し述べる。社葬ではないので必要十分な程度を心がける

⑤遺族への配慮の言葉は弔辞の大事な要素。副社長という立場上、仕事の話に終始してしまいがちなので注意したい

個人葬 元上司へ

故人＝70代男性、定年退職後、第二の人生を十数年すごしたあとの病死
読み手＝50代男性、元部下

冒頭のあいさつ

故柿沼鉄也様のご冥福を心からお祈りし、謹んでお別れの言葉を申し上げます。

自分の心境

生老病死は世の定めではありますが、このような惜別の日を迎えることになり、私はいま、たとえようのない悲しみと寂しさを感じています。

会社時代の思い出

柿沼部長は……❶あの頃のようにそう呼ばせていただきますが、部長は私にとっていわば「営業の師」というべき存在でした。私が現在まがりなりにも営業の世界で働いておりますのも、ひとえに柿沼部長のおかげといって過言ではありません。

入社当時、世間知らずの若造にすぎなかった私を、ときに厳しく、ときにやさしく教え導いてくださったのが柿沼部長でした。とくに、❷「営業とはただ売ってしまえば終わりではなく、お客様の満足した顔を見て初めて一つの仕事をしたのだといえる」とい

こころ❖がまえ

- 元部下としての礼儀を守りながらも、堅苦しくなりすぎないよう自然な言葉と態度で
- 会社時代と定年後、両面を語ることができれば理想的だが、あまり欲張る必要もない

❶ここでは敬意と親しみを込めて入社当時の呼び方で統一している

❷思い出を語るとき、より具体的な内容ほど胸に迫るものがある。ただし、悲しみを必要以上に強めるような内容は避ける

うお言葉は、いまも座右の銘として、自戒の一語として、私の胸に深く刻まれています。

定年後の思い出

また柿沼部長は、仕事を離れてはよき家庭人であり、多彩な趣味人でいらっしゃいました。定年退職後は好きな山歩きと写真にいっそう熱を入れられ、「会社時代よりもいまのほうが忙しい」と冗談が出るほどに、❸ご定年後もさらに充実した日々をすごしておいででした。そうした姿は私どものあこがれ、目標であったと同時に、ご高齢とはいえ、❹ご本人としてはまだまだ人生半ばと意気盛んでいらしたことを思うと、あるいは無念の思いもおありだったかと拝察いたします。

今後の決意

しかしながら、柿沼部長の残されたものは私や営業部の仲間がしっかり受け継いでまいりますことを、およばずながらここにお約束申し上げます。私たちの奮闘を、どうぞ❺あの世から見守ってください。

結び

あらためて柿沼部長のご冥福をお祈りして、私の弔辞とさせていただきます。どうぞ安らかにお眠りください。

❸退職後も十数年を生きた相手なので、その時代についても言及できればなお充実した内容になる

❹まだまだ元気だったのに残念、という気持ちを込めて。「無念」をあまり強調すると「安らかに眠」れないことになってしまうので注意

❺仏式葬儀なのでこの語を用いている。他宗教では使えない仏教用語なので注意する

個人葬 上司へ

故　人＝50代男性、部長。急な病死
読み手＝40代男性、入社以来の直属の部下。故人に仲人をしてもらった

冒頭のあいさつ

故島袋敬介部長のご霊前に、❶部下一同を代表して、お別れの言葉を申し上げます。

自分の心境

三日前、奥様より受けたお電話は忘れもしません。まるで雷に打たれたかのような衝撃を覚えました。島袋さんご夫妻には、私たち夫婦の仲人を引き受けていただいた間柄で、長く親戚同然のおつき合いをさせていただいております。私にとっては親兄弟と同じようにお慕いする存在でした。そんな方の突然の訃報《ふほう》です……❷あまりのことにいまも心中取り乱しておりますが、このような事情なので何とぞご容赦ください。

思い起こせば島袋さんとの出会いは二十年前、何も知らない新入社員の私に、仕事のイロハを教えてくださいました。以来ずっと島袋さんの部下として、苦楽をともにしてまいりました。今日の私があるの

❶自分の立場を明確にする

❷動揺が激しいときは、「声も震えてしまっておりますが……」など、ひとこと断りを入れるとよい

こころ❖がまえ

- 突然の死に驚き、とまどっている心情を率直な言葉で表現する
- 仲人をしてもらったとはいえ、部下を代表しての弔辞。個人的な話だけでなく、一同の今後の決意も述べておきたい

人柄・思い出

も、島袋さんのご指導と、親愛の情あふれる叱咤激《しったげき》励《れい》のおかげであります。私にとっては山のように大きな存在です。❸それは企画部員一同も思いを同じくするところであります。仕事の現場で、いつも陣頭に立ってわれわれを指揮してくださった島袋さん。その背中をずっと追ってきた者たちにとっては、いきなり闇夜に燈火を失った思いです。

遺族への配慮

このような急逝《きゅうせい》で、ご家族の方々の心中を思うとさらに痛恨の極み、哀惜に堪えません。しかし、どうぞ一日も早くこの悲しみから立ち直って、笑顔を取り戻されますよう願っております。

今後の決意

われわれもいつまでも途方にくれているわけにはまいりません。今後は島袋さんのご指導を思い出しながら、私たちが頑張っていかねばならないと、決意を新たにしております。島袋さんのやり残した❹プロジェクトを我々の手で完成させることが、何よりの供養と考え、励んでまいる所存です。

結び

ここに謹んで、ご冥福をお祈りいたします。どうぞ安らかにお眠りください。

❸個人的な思い出話に終始せず、ほかの部下たちを代表している、という姿勢を忘れずに

❹仕事の詳しい内容については、くどくどとふれる必要はない

上司へ

個人葬

故人＝40代男性、部長。交通事故死
読み手＝30代男性、課長。故人と年齢が近く、部下であり友人でもある間柄

呼びかけ

謹んで哀悼《あいとう》の言葉を申し上げます。

❶大沢部長、あなたとついこの間も楽しく語り合ったばかりでしたのに、いまその急逝《きゅうせい》を前にして、言うべき言葉がなかなか見つかりません。

自分の心境

課と課を結ぶ橋であった大沢部長、あなたの死は同じ部で働く者にとり衝撃でした。私たちは長い間、お互いを認め合いながら、激しい商戦をともに戦ってきた盟友であります。あなたがいてくれたから、わが社の技術営業部は、ここまで会社の発展に貢献してこれたのです。

あなたのホームパーティーに、この新年度にも呼んでいただきました。部内の課長職が肩を並べて、奥様のおいしい手料理をごちそうになりました。❷会議ではできない親密な会合ができ、調整の場をいただいたそのご配慮に感謝の思いを深くしました。

こころ❖がまえ

- 上司に対する敬意を払いつつ、友人としての親しみを込め、心からの哀悼の言葉を送る
- 必要以上に堅苦しくするべきではないが、上司と部下という礼儀は最低限守っておく

❶敬意を込めながら、親しく呼びかけるスタイル。悲しみと敬愛の情を素直に表現している

❷エピソードは、印象的かつ故人の人柄を語るのにふさわしいものを選ぶ。直属の部下ならではの、親しく接した体験を元にしたい

人柄・思い出　今後の決意　遺族への配慮　結び

あなたはよき管理者でございました。たとえばゴルフの社内コンペでは、勝利へ向かって突き進むべく、部内トップの成績者への景品として、❸ポケットマネーからビール一ケースをご提供なさいました。あなたの叱咤《しった》と号令は、未来を切り開く部内の活力を呼ぶものでした。あなたは始業時間が待ち遠しい職場をお作りになった。私は年齢が近いのですが、そのみごとな指導力には感服するばかりです。

あなたが部内に残した気風や業績は、今後も守り、発展させていきたいと考えております。

あなたのお宅におうかがいしたとき、快活な奥様と、お元気そうなお子様にお会いしました。不慮の事故であればいっそう、あなたを失ったご心中は痛ましく、お慰めの言葉もございません。ただ、❹できる限りのお力添えをしていきたいと存じます。奥様もどうか、お心を強くお持ちくださいますよう。

部の知恵袋であった部長。ご健勝を願っておりましたのに残念でなりません。この胸に未練を抱き、お別れを申し上げます。安らかにお眠りください。

❸悲しみのなかにも上品なユーモアを交えて語る。度を超した冗談にならないように注意する

❹社の代表からも遺族への配慮の言葉があるはずだが、個人的にひとことかけ、遺族を力づける言葉を入れると思慮深い弔辞になる

個人葬 上司へ

故　人＝50代男性、支店長。過労死
読み手＝40代男性、主任。直属の部下で、激務ぶりをつぶさに見てきた

呼びかけ

本日ここに荻野支店長の葬儀が執り行われるにあたり、謹んで追悼《ついとう》の言葉を述べさせていただきます。
この未曾有《みぞう》の不況時代に支店長となり、やりくりし続けたお骨折りは、さぞかし大変なことであったろうと拝察いたします。❶着任から二年間、本当にお疲れさまでございました。

死去の報告

去る九月六日の朝、支店長はお亡くなりになりました。享年五十三歳。若すぎる死であります。寝室でのようすに異変を感じ、倒れた支店長を見つけた奥様がすぐに救急車をお呼びになり、市立病院へ運ばれましたが、そのまま帰らぬ人となりました。

だれからも好かれていた支店長は、❷仁愛の徳に厚いお人柄で、愛嬌《あいきょう》があり、関連企業との良好な関係も築きつつあるところでした。
支店長が着任してからのお❸仕事は「リストラ合理

❶心からのねぎらいの言葉をかける

❷故人の人柄を語り、徳を偲《しの》ぶ。自然死でも過労死でも、死者を弔うという弔辞本来の要素を欠かさないことが大切

こころ❖がまえ

- 過労死は微妙な問題で、会社側が責任を問われることもある。責任の所在にふれるような無配慮な言葉は慎まねばならない
- 責任がどうあろうと、故人の死を悼《いた》む役目はきちんと果たす

人柄・思い出

化」「関連企業の整理」「業者への代金の先送り」といったまさに激務でありました。どのお仕事も、代理人を使っては済まないものです。支店長は誠意ある姿勢を崩さずに、無理な協力をお願いするこの交渉ごとを、休まず根気よくお続けになられました。抜け道のない、命を削る責務であったとご推察申し上げます。いまもまだ一部、残されたものがございますが、任務は私どもで継続していく所存です。

急性心不全という病気は、寝ていて急に発症するものだそうです。病院で拝見した際、多くの器械と管でつながれたお姿を見て、眠ったままこうして逝《い》くのが勲章ではあまりに切ないと感じました。

遺族への配慮

支店長のご仁徳はやはり、ご家族を愛する心からあふれたものでございましょう。ご家族が宝でいらっしゃいました。ご家族の皆様の心中をお察し申し上げます。❹支店長のご功績に少しでもお応えできますよう、私にできる限りのことはいたします。

結び

心残りではございますが、荻野支店長のご冥福を心からお祈りして、弔辞といたします。

❸さしつかえない範囲で仕事のようすを語る。あくまでも故人の徳を語る論調とし、仕事の困難を恨むような調子にしない

❹会社としてはともかく、個人として遺族への配慮の言葉をかける

個人葬
上司へ

故　人＝40代男性、課長。自殺
読み手＝40代男性、係長。故人の直属の部下で、家族ぐるみのつき合い

冒頭のあいさつ

自分の心境

❶沢渡さん、日が短くなり寂しい季節になりましたね。あなたが❷自ら逝《い》かれたという報を受けたのは、秋祭りの日の夜のことでした。風に乗って流れてきたにぎやかな祭ばやしの音が現実味を薄れさせ、悪い夢を見ているのだと思いました。しかし、あなたのご逝去《せいきょ》は、無念の現実でございました。

❸ご連絡を受けたとき、私はあなたのほがらかな笑顔を思い出しました。年齢のあまり変わらない者同士として昔から仲良くしていただいた、楽しい頃のあなたの顔が、思い出されてきたのです。ずいぶん面倒をおかけしながら、家族ぐるみのおつき合いをさせていただいてまいりました。お互いの子どもが同じ小学校へ通っております。末のお子様が今年幼稚園にご入園なさり、盛んに腕白ぶりを発揮しているところでしたね。

❶親しみを込めて故人に呼びかけるスタイル。家族ぐるみの友人づき合いをしてきた間柄にふさわしい

❷ここで、格式ある言葉遣いでひとことだけ死因にふれ、残念な気持ちを伝える

❸以下、故人の思い出を中心に語る。故人を悼《いた》み、人柄を偲《しの》んで、心あたたまるようなエピソードを選ぶ

人柄・思い出

家族ぐるみのおつき合いは、かれこれ八年の長さになります。子どもの運動会に鉢合わせをしたのが始まりで、同じ部の課長と係長が、肩書きを取り去ったおつき合いになりました。あなたのざっくばらんなお人柄ゆえ、無用に上下関係を気にすることが一度もなかった、そのことに深く感謝します。

④二家族がそろって、よく川遊びやピクニックへまいりました。ここは自然の景色が美しい、山河に囲まれた季節感あふれる土地です。河原で楽しんだバーベキューは、日頃の妻の苦労をねぎらい、父親のたくましさを子どもに見せる大好評のイベントでしたね。こまめに食材を刻み、火照る鉄板の上で料理をするあなたを見ると、いいお父さんでありご主人だなあと、心の底から思いました。

遺族への配慮

はからずもご遺族となられた奥様をはじめご家族の皆様には、慰めの言葉もおかけできず、なすすべもありません。課員一同としても、できうる限りを務めていく所存でおります。

結び

沢渡さん、ありがとう。ご冥福をお祈りします。

④具体的なエピソードほど聞き手に訴えかける力がある。ただし、リアルすぎてことさらに悲しみを助長するような内容は避ける

こころ❖がまえ

- 自殺の場合はとにかく表現の隅々まで気を配ること。とくに死因にふれる場合は言葉遣いに注意。無理にふれなくてもよい
- 故人のよい思い出を中心に構成し、自殺を強調しない

個人葬

店長へ

故　人＝40代女性、店長。昇進して手腕を振るい始めた矢先の交通事故死
読み手＝30代男性、主任

呼びかけ

謹んで三森店長のご霊前に哀悼《あいとう》の辞を捧げます。
❶店長、白菜が売れています。気温も例年より低くなる傾向ですよ。鍋の季節が予想よりも早くやってきます。予定していたキャンペーンはどのようにいたしますか。何を添えたらいいのですか。

人柄・思い出

突然起きた不運な事故を、とても口惜しく存じます。店長はスーパー「みやこ」大河原店を育て上げた、❷母親のような存在でした。店長の告別式という現実を前にして、いま大河原店は大きな指針を失った悲しみに暮れております。店長の分け隔てのない円満なお人柄は、店を照らす太陽でした。

❸昨年十月二十六日から一週間のできごとは、新人従業員の皆さんにも、ぜひ知っておいてほしいことであります。それは、店長と私たちが演じた最高のコンビネーションプレイでした。

❶格式ばったあいさつから始めないで、親愛の情を込めて呼びかける。故人を失った痛手の思いがを素直に感じられ、聞き手に訴える出だし

❷女性の上司を讃《たた》えるのに便利な言葉。あまり強調しすぎると嫌味になるので、男性の場合に「父のように」「兄のように」と使うのと同様、適度に用いる

❸親しく接していた部下ならではのエピソードを披露。これを中心に構成することで、ありきたりの慣用句を並べるよりもはるかに心のこもった弔辞になる

業績・功績

冬を前に、鍋食材の大売り出しを予定していた当店は、準備を進めておりました。ところが、台風が原因で、契約農家の白菜の収穫が遅れていました。産地を歩いた店長は、予定どおりの開催を決断します。これはライバル店に先駆ける当店の挑戦でした。店長が産地で白菜を調達し、私たち従業員がその量によって店内の配置を変える。不測の事態に対応しながら、そんな自在な大売り出しを催しました。

冬場の売り上げを大幅アップさせた、ここ一番の大勝負は、店長の指揮なしにはできませんでした。店長は、私たちにイメージ戦略という武器とお客様の反響というやりがいをくださいました。これからもご指導を賜りたい。なのに残念でなりません。

今後の決意

入社から十五年、❹同期の中で最後に店長となった三森店長。あなたの負けじ魂は、私たち従業員が必ず受け継ぎます。これからも見守っていてください。

結び

三森店長、あなたの店に対する慈母のような愛情にあらためて感謝し、お別れの言葉といたします。心からご冥福をお祈りいたします。

❹もっとも遅れて昇進したことを上手に言い換え、逆に故人の粘り強さを讃える言葉にする

こころ❖がまえ

- 故人となった部長や店長が女性というのも珍しくない時代。相手が女性ということをあまり意識せず、人柄や業績を語る
- 人柄のよさだけでなく、有能な仕事ぶりも伝えたい

個人葬
先輩へ

故　人＝50代男性、部長。同じ会社に勤務する大学時代からの先輩。病死
読み手＝50代男性、他部署の部長

冒頭のあいさつ

❶故山上敏郎さんの葬儀に臨み、謹んでそのご霊前に追悼《ついとう》の言葉を申し上げます。

自分の心境

山上さん、こうしてあなたのご霊前に立つなど、夢想だにしておりませんでした。先月、お見舞いにおうかがいしたときには、血色もよく、快方に向かわれたものと安堵《あんど》しておりました。退院すれば、また、あなたといっしょに杯を酌《く》み交《か》わせる……私はそれを心待ちしておりました。それなのに、残念でなりません。

山上さんとおつき合いさせていただいて三十余年、私が現在あるのは、あなたのおかげと言っても過言ではありません。学生の頃、親分肌の山上さんは、私たち後輩の面倒をよく見てくださいましたね。その懐の広さに甘えてばかりの私たちに、あなたは嫌な顔一つなさいませんでした。やがて、私が就職

こころ❖がまえ

- 会社だけのつき合いではない相手、礼を尽くしつつも、親愛の情がこもった文面となるよう心がけたい
- 長いつき合いならではのエピソードを中心に文章を構成する

❶親しい先輩とはいえ、あくまで礼儀を忘れずに

人柄・思い出

活動に悩んで、会社に山上さんをお訪ねしたとき、あなたはこうおっしゃいました。❷「おまえ、うちの会社に来いよ。いっしょに仕事しようぜ」と。あの言葉が、将来に迷う私の背中を後押しし、その後の人生を決定するきっかけとなったのです。

入社後もいろいろとお世話になりました。部署は違っても、よく酒の席に誘っていただいたり、休日にはゴルフを楽しんだり。「俺とお前は腐れ縁だなあ」という、あなたの口癖が思い出されます。しかし、一つだけ❸不満を言わせてください。山上さん、どうせ腐れ縁なら、もう少しつき合っていただきたかった……。

遺族への配慮

❹奥様と二人のお嬢様には、ご看病の甲斐《かい》なく、まことにご無念でしょう。力不足ではございますが、できる限りの支援をさせていただきます。それがいつもお世話になっていた山上さんへの、私の精いっぱいのご恩返しです。

結び

さようなら、山上さん。どうぞ、安らかにお眠りください。

❷人柄を偲《しの》ばせるような故人の言葉を引用する

❸親しい間柄だからこそ使える「不満」という言葉。これにより故人を亡くした深い悲しみが聞き手にいっそう伝わる

❹家族ぐるみの親しいつき合いであっても、弔辞では「奥様」「お嬢様」とあらたまった呼び方をすること

個人葬
部下へ

故　人＝20代男性、研究開発部の若手期待の星。急な病死
読み手＝50代男性、社長

冒頭のあいさつ・心境

人柄・思い出

小泉直之君の葬儀にあたり、❶社を代表してここに謹んで哀悼《あいとう》の意を捧げます。

いま、君の霊前に立ってこの弔辞を捧げながらも、私には突然の訃報《ふほう》がまだ信じられません。

思い起こせば五年前の平成〇年〇月〇日、社員採用試験の面接で君と初めて出会いました。❷「世間を驚かすような新商品を開発したいです」と、初々しいスーツ姿、将来の夢を語る君の情熱的な瞳が、初対面の印象としていまでも強く残っております。

その言葉のとおり、入社してからの小泉君は、当社研究開発部がもっとも期待する若手研究員として活躍してくれました。❸とくに難航していた新製品の開発にあたっては、新たにスタッフとして加わった君のアイデアによって、製品化についての多くの難問をクリアすることができました。来月の発売を目

❶会社の代表という立場を明らかにする

❷故人との出会いのエピソードは、親愛の情が伝わるように、故人の言葉などを引きながら、やわらかい表現になるよう心がける

❸故人の仕事ぶりについて述べるのであって、自社のPRめいた文章にはならないよう注意する

前にして、開発の一番の功労者といえる小泉君がこの世から去ってしまうとは、運命とはなんと残酷なものなのでしょうか。

今後の決意

　上司からの信頼もきわめて厚く、陽気で社交的な性格から同年代の研究員たちのリーダー的存在でもありました。私を含め、君の上司や同僚はその急逝《きゅうせい》を惜しむとともに、当社にとって少なからざる損失であることを痛感しております。小泉君、私たちは君といっしょに過ごした日々を忘れません。楽しかったこと、苦しかったこと、君との思い出を胸に、この先も常に君とあるものと思い、仕事にいそしんでまいります。

遺族への配慮

❹ご両親におかれましては、ご看病の甲斐《かい》なくさぞご無念のことと存じます。お慰めの言葉もございませんが、ご子息の霊を安らかならしめるよう、何とぞご自愛くださいまして、一日も早く立ち直られますようお祈り申し上げるほかございません。

結び

　それでは、小泉君、お別れのときがまいりました。さようなら、どうか安らかにお眠りください。

❹年若い息子を亡くした両親への心遣いを忘れずに

こころ❖がまえ

- 社長という立場にこだわるあまり、堅苦しくなりすぎないように。「情」も伝わる文面にしたい
- 故人がかかわった仕事については、必要最小限ふれておくにとどめる

個人葬
部下へ

故　人＝30代男性、主任。まだ若く、妻と幼い子1人を残しての病死
読み手＝40代男性、課長。直属の上司

呼びかけ

杉田嗣広君。今日の日がくることは、病室のベッドに横たわる君を見てさえ、予想もつかないことでした。もう君の朗らかな笑顔を見ることができないとは、あまりに情けなくて涙さえ出てきません。

人柄・思い出

杉田君、君は藤北物産株式会社の、未来を担う若手社員の一人でありました。❶君が北米課へ配属になったのは、かれこれ十二年ほど前になるでしょうか。君はまだ大学を卒業したてで、❷細身のスーツを颯爽《さっそう》と着こなし、癒し系の優しい笑顔をふりまく、新世代の象徴のような若者でした。

歓送迎会後の三次会で、君と「ロンリーチャップリン」を歌ったことを思い出します。男同士のデュエットは恥ずかしいものでしたが、カラオケ好きの君は熱唱することしきりで、女子社員からやんやの喝采《かっさい》を受けていましたね。

こころ❖がまえ

- 上司から部下へという関係であっても、死者への敬意は当然。見下すような態度は控える
- 故人の欠点もよく知る立場だが、弔辞ではあまり強調せず、あくまで故人を讃《たた》える方向で

❶出会いの記憶はたいてい印象深い。故人の思い出を語るのに便利なエピソードの一つといえる

❷故人についてマイナスのイメージにならないよう言葉を選んで語る。ここでは「それが若者らしさ」とまとめている

業績・功績

課で働く君は行動的でした。君の行動が一貫して仕入れ先拡大に照準を据えたものであるため、職員にあらためて、フォローするよう指示したほどです。課の職員は君の働きに応え、結果、北米課の業績向上に貢献しました。欲を言えばあの頃、もう少し職員のフォローぶりに気づいてほしかったけれど、❸それが若さというものでしょう。それから経験を重ねて成長することの証《あかし》だったのでしょう。

三十代の初めは海外赴任を経験し、社の発展に貢献しました。あの頃はもう、病気に苦しんでいたのでしょうか。無念の思いを禁じ得ません。

遺族への配慮

先日、病院へお見舞いに行ったとき、ベッドのなかで君は、仕事について熱弁をふるいましたね。あたたかいご家族の看護を受けて、君は幸せそうでした。❹ご遺族には、社としてできる限りのことをいたしますから、どうぞ安心してお眠りください。

結び

本日、君との永別を前に、これまで私の下で働いてくれたことへの感謝とともに、君のご冥福を心からお祈り申し上げて、最後の言葉といたします。

❸欠点を非として語らないのが弔辞の礼儀というもの。あくまでも故人への愛情から出た言葉として語る

❹まだ幼い子を残しての死に配慮した言葉。遺族への配慮とともに、死者の心残りを少しでも救うという気持ちで

個人葬
部下へ

故人＝20代男性、社員。業務中の事故死
読み手＝50代男性、社長。家族的な会社で、社員の父親代わりのような立場

冒頭のあいさつ

❶無念にも作業中の事故により逝《い》かれた新井拓也君の葬儀にあたり、株式会社オクダを代表して、謹んでそのご霊前に追悼《ついとう》の辞を捧げます。

死亡の状況

仕事柄、当社は常に安全への配慮をしてまいりました。作業現場に入る前の事前検討、作業手順の確認や作業方法の説明は、必ずやってまいりました。建設業界にとって、事故は最大の懸念材料であります。作業員の安全確保は業界の最大の責務であり、日々の努力目標でございました。

事故は去る九月八日の午後四時頃のことであります。❷軽量鉄骨の三階建ての解体において、残った鉄骨の切断中に建物の一部が崩れ、新井君が下敷きになりました。二十五歳の将来ある青年が、現場の事故で❸空《むな》しくなる悲しさは断腸の思いです。新井君は当社の未来を担う、大切な社員でありました。

❶事故や自殺の場合は死因にふれない例も多い。この例では会葬者に無用の疑念を抱かせないよう、あえて最初にその点を明確にしている

❷事故死の場合は死亡状況にふれない例も多い。ふれる場合は言葉を選んで最小限に留める。遺族の悲嘆を呼び覚ますような表現は避ける

❸「空しくなる」＝「死ぬ」の婉曲的《えんきょくてき》表現

人柄・思い出

新井君は明るく人情味ある人柄で、だれからも愛される好青年であります。オートバイが趣味で、愛車は目を見張るほどピカピカに磨いていました。職場でも、丹念な仕事ぶりで知られていました。

お盆休みの前、私の自宅に社員を集めて食事をしたときに、新井君は「自分も将来独立して、社長のようになりたい」と申しました。仕事に対してひたむきな彼の夢が、私はとてもうれしかった。できる限りの援助をしたいと考えておりましたが、辛い現実となってしまいました。

遺族への配慮

ご遺族の方々のご心中はいかばかりかと、お察し申し上げます。❹大切なお子様をお預かりしていながら、結果としてこのような痛ましい事態となり、心よりお詫《わ》び申し上げます。

結び

新井君。❺今後は二度とこのような事故が起こらないよう、君の尊い犠牲を教訓に、心して作業していく所存です。君の夢にかなう会社にしていきたい。願わくば、私たちの行く手を見守っていてください。どうか、安らかな昇天をお祈り申し上げます。

❹責任の所在は別として、社の代表としてお詫びの言葉は必要。故人と遺族への礼儀として述べる

❺業務中の事故に関しては、再発防止を誓う言葉が重要。ひとことでよいので必ずふれておく

こころ❖がまえ

- 業務中の事故死は社の責任問題にもなるので、安易に責任の所在を論じない。むろん、故人の責任を問うような論調も禁物
- あくまでも事故の痛ましさを語り、故人の人柄や功績を讃《たた》える

個人葬 部下へ

故　人＝30代男性、主任。自殺
読み手＝40代男性、課長。直属の上司であり、友人、兄代わりでもある

冒頭のあいさつ

薫風緑樹を渡り、街並みにさわやかな息吹を送る季節のなかで、❶平野公平君の霊前に立ち、無限の悲しみを胸に、謹んでお別れの言葉を申し上げます。
君の急死は、わが社にとって衝撃でありました。いまその事実を前に、深い悲嘆に暮れております。君はいたってまっすぐな人でありましたね。

人柄・思い出

❷君が入社した平成○年は、豊かな年であります。百貨店業界は豪華なパウダールームやベビールームが登場するなど、一歩先を読み、よりお客様のニーズに合わせたハイグレードな対応が求められる時代でした。健康のために日本料理が見直されたのもあの頃です。君は当時から❸「店の中に街を作る」という考えを持っていましたね。すでに業界主流の考えであったとはいえ、その実行力とディテールへの気配りには、だれしも期待をかけておりました。

❶部下への呼びかけを、日常と異なり格式を重んじて「さん」「様」とする例もある。状況や親しさに応じて使い分けたい。「君」とする場合はぞんざいないい方にならないよう注意する

❷時代を背景に故人の人柄を語る。この例は、時流に常に直結するデパート業界だけに、この話題がふさわしい

❸人柄や業績を語るために、故人のユニークな考えを紹介する。部外者にもわかりやすいよう、的確な一文で表現することが理想的

自分の心境

結び

君はバイタリティーのある人であります。ハシゴを重ねる酒宴では、常に最後までつき合う人でした。新入社員の頃からです。君はそのたびに自分の考えを力説し、だれもが「街の平野」と周知するほどになりました。やがて君の考えは、私たちに「夢」を感じさせる、シナリオへと発展しました。

時代が期待どおりに進まなくなり、政府の経済政策も、なかなか目に見える効果を発揮しない昨今であります。販売部に異動した君は、係長として経験を重ねることになりました。④君は細かな「販売メモ」を作成し、すぐさま対応してくれました。君はわが社の未来を背負う、期待の人でありました。

なじみの小料理屋で、昔と変わらず「店内の街」について語る君は、部下というより大切な友でありました。そんな君の夢を、私はもっと後押ししてあげたかった。それがまことに心残りでなりません。

尽きせぬ思いに時が過ぎてしまいます。在りし日の平野君の姿を偲《しの》び、心よりご冥福をお祈りして、これを弔辞とさせていただきます。

こころ❖がまえ

- 自殺の場合、一般に死因やその理由などは無理にふれない
- 死因にふれない場合は、それに直結する内容も避ける。「仕事で困難に直面していた」など
- 故人への十分な敬意を払う

④必ずしも本人の希望には添わない異動を話題にしているが、マイナスイメージにならないよう、すぐにフォローの言葉を入れる。故人の柔軟な対応を讃《たた》える論調で

個人葬
元同僚へ

故　人＝60代男性、定年退職後の病死
読み手＝60代男性、元同僚。故人とは入社当時からのつき合い

呼びかけ

伊原君、君は愛するご家族や友人たちに見送られ、とうとう不帰《ふき》の客となってしまいました。その悲報に接し、私はただ呆然《ぼうぜん》とするばかりです。❶病床にあっても意気軒昂《いきけんこう》な姿をつい最近まで見ていただけに、いまだに信じられない思いでいます。

自分の心境

最後に君をお見舞いしたとき、「あせらず療養を」という医者の忠告をようやく受け入れ、「会社時代はちょっと頑張りすぎた。そのご褒美に、少し休暇をとるつもりでゆっくりするさ」と笑っていた君が、永遠の休暇をとることになろうとは……。確かに❷仕事の一線からは退く年齢とはいえ、いまの時代の私たちはまだまだこれからが第二の人生。それを思えば君の無念ははかり知れません。

伊原君、君とは上京以来、ずっと同じ職場でやってきました。とくに最初の数年間は社宅のお隣さん

❶直前の元気なようすを伝えることで、驚きと悲しみを表現する

❷早すぎる、という年代ではないにしても、現代の感覚ではまだまだこれからの年齢。そうした「共通認識」に配慮して言葉を選ぶ

こころ❖がまえ

- 仕事上の仲だからと無理に堅苦しくする必要はなく、親しみを込めて語る
- 元同僚としての立場で、故人の人柄が伝わるエピソードを選び、わかりやすくまとめる

人柄・思い出

で、親しくおつき合いをさせてもらいました。

❸社宅仲間の連中とお酒を飲んだり麻雀《マージャン》をしたり、よく朝まで遊んでいたっけなあ。何につけても豪放《ごうほう》磊落《らいらく》な君は、お酒の飲み方も豪快で、雪の夜に酔って路上で寝てしまい、見ず知らずの人に連れられてやっと帰宅したこともありましたね。のちに奥様となる恋人の芳枝さんにこっぴどく叱られて苦笑いしていた顔を、昨日のことのように覚えています。

思えば無茶をしたものですが、君のその快活な性格は仲間内の太陽のような存在でした。

遺族への配慮

社宅を離れてからも家族ぐるみのつき合いをさせてもらいましたが、❹こうしてご遺族の前に立ち、その悲嘆を思うと、おかけする言葉がありません。人一倍家族思いの君のこと、奥様と二人のお子さんを残して逝《い》くことが一番の心残りでしょう。微力ながら、残されたご家族のために私も力を尽くすと、約束します。どうか安心して眠ってください。

結び

伊原君のご冥福を心からお祈りして、弔辞とさせていただきます。

❸親愛の情と友情は自然ににじみ出るもの。無理に儀礼的な言葉にこだわらない

❹残して逝く者、残された者の心情に配慮し、慰めや尽力の気持ちを伝える。押しつけがましくならないように

個人葬

同僚へ

故　人＝20代女性、会社員。新入社員の教育係を担当。病死
読み手＝20代女性、会社員。故人とは同期

冒頭のあいさつ

故斉藤聖子さんのご霊前に、謹んでお別れの言葉を捧げます。

自分の心境

先月、斉藤さんが入院なさってから、同僚たちとご病気について案じておりましたが、こうしているいまでも、❶本当に信じられない気持ちでいっぱいです。残念でなりません。人一倍元気だったあなたが、なぜこんなに早く逝《い》ってしまわなければならないのでしょうか。

いま目を閉じると、オフィスで忙しそうに立ち働くあなたの姿が、鮮明に思い出されます。めんどうな作業でも、頼まれると明るく「はい」と返事して、てきぱきこなしていた斉藤さん。❷急な仕事で残業していた私を、見かねて手伝ってくれたこともありましたね。「悪いわね」と謝ると、あなたは「二人でやったほうがはかどるからね。その代わり、この貸

❶親しい間柄なら、ふだん遣いの言葉で、自分の気持ちを素直に表すほうが、心のこもった弔辞となる

❷故人の人柄を浮き彫りにする、具体的なエピソードを述べる

こころ❖がまえ

●故人へ語りかけるスタイルの弔辞。ふだんくだけた言葉で話していた間柄なら、美辞麗句の多用は他人行儀。無理に敬語を使わず、年齢相応に丁寧語（です・ます）程度の敬語表現でよい

結び　遺族への配慮　人柄・思い出

しは高くつくよ」と笑顔で答えてくれました。なのに、その借りも返せないうちに、こんなことになってしまうなんて。私の頭の中には、どうして、なぜ、という言葉ばかりが浮かんできます。

気さくで、世話好きな斉藤さんは、後輩にも人気がありました。毎年、新入社員の教育係はあなたの担当で、敬語の使い方から、電話の応対、書類の書き方まで、きちんとできるまで、根気よく丁寧に教えていましたね。❸本日はやまれぬ業務でこの場にいない者もおりますが、あなたに育てられて一人前になった多くの後輩たちが、「斉藤さんを見習って頑張ろう」と、この悲しみに耐えながら仕事に励んでおります。

❹人生まだこれからというときに、お嬢様を失われたご両親のお気持ちをお察ししますと、言葉も見つかりません。お辛いこととは存じますが、どうぞ、お気を強くお持ちくださいませ。

斉藤さん、安らかにお眠りください。そして空❺から私たちのことを見守っていてください。

❸参列できなかった後輩や同僚の気持ちを代弁する

❹故人とは親しいつき合いであっても、両親に対してはきちんと敬語を使うこと

❺仏式葬儀では「天国」は不適切（キリスト教式ならＯＫ）。「空」「雲の上」などを使う

個人葬
同僚へ

故　人＝30代男性、主任（課長代理）。過労による突然死
読み手＝30代男性。入社時からのつき合い

呼びかけ　自分の心境

❶突然の永眠です。小田切君の訃報《ふほう》に驚き、私は言葉を失ってしまいました。課は違えども同じ釜の飯を食った仲、君の遺影を前に、深い悲しみに打ちひしがれております。

❷ある覚悟をもって言えば、予想できたと言うべきでしょうか。いや、むしろこの驚きは、人生の無常を知ったことへの嘆きかもしれません。会社は労災認定の手続きをしております。限界を超えて自分を酷使した君の悲劇は、どんな産業も過渡期には陥りがちな、成長と発展の隙間と言うべきでしょうか。

❸先月社内ですれ違ったときのこと。君は毎日遅くまで仕事を続け、家に持ち帰ってまで仕事をしていると言いました。一つ終えても、期限が迫っている次の仕事と把握しておくべき案件が山積みだ、と。かなり厳しい状況なので、一件くらい部下にまかせ

❶同僚とはいえ、心安さから礼を失することのないよう注意。言葉遣いも丁寧に、適切な敬意を払って話す

❷「死を予想していた」という言葉は誤解を生じやすいので使い方を心得て。ここでは「ある覚悟をもって言えば」と、条件つきであることを示したうえで用いている

❸ここで多忙ぶりを比較的詳しく伝えている。必要以上に克明に描写して悲嘆を深めるのではなく、故人の誠実な責任感を讃《たた》える形で

人柄・思い出

ろと私は無責任なことを言いました。君は、一時的に空席となった課長職の代理をかけもちをしていた。だから、周囲に負担をかけるわけにはいかず、言下に「NO」を言って別れました。君でなければできないこと。それを君は行っていたのです。

君は会社に尽くした高潔の士であります。その揺るぎなき責任感は、まさに珠玉でありました。

つい先日も、君は夜中に起きて、接待ゴルフに出かけました。取引先の重役を乗せた車を運転し、他県のゴルフ場でラウンドをする。君の無理な仕事ぶりを知っている愛娘《まなむすめ》の香さんは、ゴルフくらい休んだら、と忠告したそうですね。君の大切な娘さんは、父の体をだれより心配していたのでしょう。

遺族への配慮

君の急逝《きゅうせい》は、香さんや奥様をはじめご遺族の大きな痛手と拝察します。❹少しでもお力になれればと存じております。どうぞ遠慮なくご相談ください。

結び

別れは辛く、名残は尽きませんが、小田切君の努力が果報となる日をここに信じて、ご冥福をお祈りします。どうか、安らかにお眠りください。

❹遺族への慰めとともに、支援や協力を申し出る。会社や仕事に対しては複雑な心境であるはずの遺族に配慮し、あまり出しゃばらずひとこと添える程度にしておく

こころ❖がまえ

● 過労死の場合は会社の責任問題に配慮するが、本例ではすでに労災の認定があり、死につながった過労ぶりも適宜織り込む。ただし、死者を悼《いた》むためであり、だれかを非難するためではない

個人葬
後輩へ

故　人＝20代男性。社内陸上部の駅伝選手。交通事故死
読み手＝20代男性、社内陸上部の先輩

呼びかけ・自分の心境

人柄・思い出

郷原悟君、来週の関東駅伝大会は区間賞を狙うと言っていましたよね。「頑張ろうぜ」と、お互い健闘を誓い合ったばかりなのに……何ということだろうか、君はここにいない。❶突然の訃報《ふほう》を聞き、いまもわが耳を疑っています。

❷今日、ここへ来る前に、いつも郷原君といっしょに汗を流した思い出の練習場に寄ってきました。グラウンドを眺めていると、君とともに練習した日々が思い出されます。覚えていますか？　秋の横浜駅伝、君が三区で❸僕が四区、僕にタスキを渡してくれた君の姿が、いまも目に焼きついて離れません。言葉は交わさなくても、タスキに込められた君の思いや情熱が伝わって、それが僕に走り抜く力を与えてくれました。しかし、もう君からのタスキを受けることはできない……僕はこれから何を拠《よ》りどころに

❶事故死の場合、そのようすや原因などには詳しくふれないでよい

❷弔辞は紙に書いたものを読み上げるのが基本だが、書いていないことを話してもかまわない。文例のように、その日の行動をつけ加えて話すことで、エピソードが印象深いものとなる

❸一般的に、社会人であれば一人称は「私」が望ましいが、ここでは同じ部の仲間という意識から「僕」を使っている

走ればいいのか？　途方に暮れるばかりです。

君は❹わが礼文通運陸上部にとって貴重な戦力であるばかりか、いつも苦しいときに冗談を言って笑わせてくれるムードメーカー的な存在でしたね。君は意識していなかったかもしれないけど、僕を含め、君の笑顔に励まされた陸上部員は多かったんですよ。その笑顔を失ったのは、われわれにとっては本当に大きな痛手です。

遺族への配慮

それにも増して、君のご両親のお悲しみはいかばかりか、心中お察しいたします。立派に成人され、社会人としての第一歩を踏み出されたばかりのとき、あきらめきれない思いでいっぱいでしょう。

今後の決意

しかし、われわれはこの悲しい現実を受けとめねばなりません。君がいなくなっても、その笑顔は永遠にわれわれの心に残っています。苦しいときには君の笑顔を思い出して元気づけられながら、われわれはこれから頑張っていこうと思います。

結び

だから郷原君、君も安心して、どうぞ安らかに眠ってください。

❹個人としてだけでなく、部を代表しての追悼《ついとう》の言葉も忘れずに

こころ❖がまえ

- 先輩と後輩とはいえ、故人に対する敬意は必要。堅苦しくならない程度に敬語（丁寧語）を使う
- ありきたりな美辞麗句を並べてはかえって白ける。故人との心の通った思い出を語ろう

◆コラム◆ 葬儀のマナーQ&A

Q 弔辞の奉書紙《ほうしょがみ》への清書は代筆でいい?

A 筆での清書は、慣れない人には難しいもの。別に代筆でもかまいません。ただ、原稿の作成自体を人に頼むことは、故人や遺族に対する礼儀としてもなるべく避けたいところ。やむを得ない場合は、事前によく読む練習をしておくべきでしょう。

Q 受付などで遺族にかける言葉は?

A 遺族も何かとあわただしいですから、長話は禁物。「このたびはご愁傷さまです」「突然のことでお悔やみ申し上げます」程度にとどめます。

Q 香典袋の表書き、包み方は?

A 宗派に関係なく使えるのは「御霊前」。仏式では「御香料」「御香典」、キリスト教式では「お花料」、神式では「玉串料《たまぐしりょう》」も使えます。なお「御仏前」は、仏式の四十九日以後の法要に使うもの（浄土真宗以外）なので注意します。

包み方は、お札の表裏と向きをそろえて、お札の表（顔が印刷されているほう）が中包みの表にくるように。新札か旧札かはとくに気にしなくてもよいでしょう。外包みの表に中包みの表がくるようにし、裏の折り返しは上側が下側にかぶさるようにします。

Q 服装で気をつけることは?

A 基本はブラックフォーマルです。靴もバッグも黒で、光沢のあるエナメル、爬《は》虫類《ちゅうるい》革のものは避けます。

男性は靴下は黒、タイピン、カフスボタンは外し、時計も華美なものは控えましょう。

女性は、えりぐりの大きく開いたもの、スカート丈の短いものでなければ、手持ちの黒いワンピースでもかまいません。パンツスーツでもOK。ただし、光沢のある素材や透ける素材は避けること。ストッキングは黒。指輪は結婚指輪以外は外し、そのほかはパールが無難です。ネックレスは一連のものを。

弔辞実例

一般編

学校関係

［園児へ］［児童へ］［生徒へ］［先生へ］

学校時代関係

［恩師へ］［教え子へ］［先輩へ］
［同級生へ］［後輩へ］

近しい関係

［親友へ］［趣味の仲間へ］
［幼なじみへ］［近所の人へ］

身内

［祖父へ］［祖母へ］［叔父へ］
［伯母へ］［従兄へ］

［弔電利用ガイド］［弔電に使える慣用句］

園児へ

故　人＝幼稚園児、女児。急な病死
読み手＝20代女性、先生。故人と仲がよく、園児たちに好かれている

呼びかけ

❶聡恵ちゃん。これまでいっしょにすごしてくれてありがとう。今日は、「なんともねー」の先生が、聡恵ちゃんにお別れのごあいさつをします。病気は辛かったよね。よくがんばったね。先生は本当に、聡恵ちゃんはえらい子だったなあと思います。

人柄・思い出

❷とっても元気な聡恵ちゃんは、毎朝の「おはようございます」というごあいさつが、とても上手にできました。大きなお声でハッキリといえました。だから、みんなのなかにいても「この声は聡恵ちゃんだな」と、すぐにわかりました。大きくなったら歌手かお嫁さんになりたいといってましたね。お砂遊びが大好きで、先生が教室から「お昼だよー」と呼んでも、いつも「あとでー」というご返事でした。作るのはお人形さんのおうちでしたね。

お友達が先生に「恋人はいるの」と聞いたとき、

❶「謹んで弔辞を捧げます」などの大人向けの常套句《じょうとうく》はあえて省略し、故人への呼びかけから入る。聞き手にも子どももいるので、弔辞向きの形式的な言葉遣いはかえって不適当

❷故人の印象のなかから、その元気ぶりやかわいらしさ、利発さなどの長所につながるような適切な題材を選ぶ。遺族への配慮から、なるべく明るい話題を

結び　自分の心境

「なんとも、ねー」と答えたら、❸「なんともねーの先生」と呼ばれるようになりました。先生が恥ずかしがったのがいけないのかな。大喜びの聡恵ちゃんは、なんども先生のお尻をつついては「なんともねーの先生」と呼びました。先生はそのたびに「ちょっとこたえるなー」と思ったのですよ。うなだれて「トホホ」といったら、先生を抱いて「だいじょうぶ」と、なぐさめてくれる聡恵ちゃんでした。

おかぜなのかなと思い、園長先生にお熱を計ってもらったあとで、お母さんに、お迎えにきてもらいました。あの日、お母さんの自動車に乗りながら「元気になったらまた」って、お約束をして別れました。先生は、もう会えなくなるとは思わなかった。笑うとえくぼができる聡恵ちゃんの、最後の笑顔を忘れることができません。

聡恵ちゃん。辛いけれど、がんばってごあいさつしなければいけないね。❹菊組のお友達も聡恵ちゃんを応援してくれましたよ。どうか、安らかにお眠りください。聡恵ちゃん、さようなら。

❸冒頭の「なんともねー」の先生という表現を、会葬者すべてが理解できるように説明しておく

こころ❖がまえ

- 故人への思いやり、幼い聞き手への配慮として、難解な語句は避ける。奉書紙《ほうしょがみ》や巻紙への清書も難しい漢字はあまり使わない
- わかりやすい表現を心がけながら、必要な要素は欠かさない

❹園の代表の一人としてのあいさつであると同時に、園児たちを代表してお別れを述べる立場であることを考慮する

児童へ

故　人＝小学生、男子。通学途中での交通事故死
読み手＝20代男性、教師。担任

呼びかけ

いま、こうして目を閉じると、校庭で遊んでいる古田雅也君の姿を思い出します。雅也君はとても元気な児童でした。学校と友達が大好きだった雅也君。そんな雅也君にお別れをしなければならないとは……。担任として、悲しさでいっぱいです。

❶交通事故の恐さは、私たち教師が毎日、口をすっぱくして説明していることでした。取り返しのつかないこの事故に、私は心つぶれる思いです。

人柄・思い出

雅也君は、とても❷わんぱくでユーモアのある子どもでした。タコのように身をくねらせたり、変な顔で笑わせるおどけたしぐさはクラスの生徒に人気がありました。雅也君はだれにも好かれる子でした。

彼が学級委員のときのことです。同級生がそろって動物園へ遠足に行きました。敷地が広いので、時間を忘れてしまったり、迷子になる子もいるだろう

❶事故死の場合は、死亡の状況にもよるが、遺族への配慮から死の状況にあまりふれないほうがよい場合が多い。ここでは、事故の恐さと、起こってしまったことへの悲しみだけを伝えている

❷子どもの人柄は表現に注意。子どもだからと安易な表現をせず、死者への敬意を払う。落ち着きがない→わんぱく、不真面目→ユーモアのある、などの言い換えを上手に

結び　自分の心境　遺族への配慮

と心配しました。園内はクラス単位で見学し、二人の教師が引率しました。休憩場所でお弁当を食べ、やがて集合時間になった。ところが、なかなかクラスの仲間が集まらない。そのとき雅也君は、確認点呼をとる私の横で、人数を数えてくれました。幼いながら、責任感の強い子どもでした。

お父さん、お母さんをはじめ、ご兄弟やご遺族には、お慰めの言葉もございません。大切なお子様を失いご無念とは存じますが、お心を強く持ち、何とぞご自愛くださいませ。

私は教師として、全国の子どもがこのような交通事故に遭うことがないように、いまさらながら祈るばかりです。❸この事故が、子どもたちと道路について考える、新たな機会になってほしい。雅也君のためにもそのように願います。

雅也君。どうか天国から、ご家族や同級生たちのことを見守っていてください。クラスのみんなも、雅也君がいないと寂しいと言っています。心から、ご冥福をお祈りします。

❸事故の再発防止への気持ちを強く訴える。子どもたちを預かる身として重要なひとこと

こころ◆がまえ

- 子どもの死は残された者にとりもっとも辛いできごと。両親らの悲しみに対する心配りを大切に
- 悲しみをいっそう深めるような感傷的な内容は避け、最後まで冷静な態度を保つ

児童へ

故人＝小学生、女子。火災による死
読み手＝30代女性、教師。故人の担任を約2年間務めてきた

哀悼の言葉

人柄・思い出

このたびは、❶まことに痛ましい災難で、夢ならば早く覚めてほしいと願うばかりでございます。土橋香奈恵さんが突然こんな被害に遭うとは……。担任として、あまりに早すぎる死を心から悼《いた》みます。

土橋さんは五年生のとき、私のクラスに入りました。❷赤い帽子をかぶり、ちょっと小さくなったランドセルを大事そうに抱えて学校へやってきました。好奇心豊かでいつもキョロキョロしていたけれど、おとなしく、行儀よくしていました。

土橋さんが、クラスで泣いたことがあります。同級生の男子にスカートの青いリボンを引っ張られ、ちぎれたので泣きました。土橋さんは私にだけ、その理由を教えてくれました。大人っぽいデザインのシックなスカートは一番のお気に入り、お父さんに買ってもらった、大切なスカートでした。

❶事故の状況そのものは具体的に説明せず、悲嘆の思いのみ伝える。痛ましい事故死なので、遺族や児童への配慮として

❷元気なときのようすが目に浮かぶように描写する。あまり生前の生き生きした姿を強調しすぎると、かえって悲しみを深めることになるので適度に

③土橋さんのお父さんは、病気で入院しています。ときどきしか会えないので、土橋さんを慰めようと、自分で選んでくれたのでした。大切なスカートだから、土橋さんは泣いたのです。男の子が「いいなあ」と思ったのも、心を込めて選んだスカートだったからでしょう。そんな土橋さんが火災事故に遭うなんて、かわいそうでなりません。

クラスのお友達も、みんな悲しんで泣いています。

児童への配慮

④土橋さんが描いた絵は、教室の壁に貼ってあります。元気なお父さんと自分の姿を描いた、渾身《こんしん》の作品です。クラスのみんなも元気を出して、土橋さんの分までこれから頑張りましょう。

遺族への配慮

ご遺族の胸中は、察するにあまりあります。何を申し上げても慰めにはほど遠いと存じますが、どうか香奈恵さんの霊を安らかならしめるよう、一日も早いお立ち直りをと、お祈り申し上げます。

結び

あらためて、土橋香奈恵さんのご冥福をお祈りいたします。どうか、ゆっくりと穏やかに、心安らかにお眠りください。

③家庭の事情にふれる場合は必要以上に踏み込まない。ここでは故人の人柄を語るエピソードの一部としてふれている

④教師として、児童たちのショックを和らげる配慮を。いつまでも悲しむことが故人の願いではないことをあたたかい言葉で伝える

こころ❖がまえ

- 児童の死は同級生たちにとっても強いショック。故人や遺族への配慮に加えて、子どもたちへの配慮も心がけねばならない
- 内容だけでなく態度も冷静に。動揺は児童に伝わる

生徒へ

故　人＝中学生、男子。長い闘病の時期を経ての病死
読み手＝30代男性、教師。故人の担任

呼びかけ

鹿之園中学校一年三組の担任として、謹んで藤田春信君のご冥福をお祈りします。

長い闘病生活は辛かったね。春信君が腎臓病と闘っていた苦労を思うと、涙を禁ずることができません。❶どうして君が、こんな目に遭わなければならないのか。やり場のない怒りを感じます。

人柄・思い出

❷春信君はしっかりとした考えを持った生徒でした。やさしいご両親のあたたかい家庭に生まれて幸せだったね。そのあたたかさが、春信君の考えを育んでいったと思います。春信君は辛い闘病中も、クラスのことをしっかり考えてくれる、友達思いの生徒でした。

入院前に春信君が、ホームルームの議題を提案したことがあります。それは、いま世間でも問題になっている「いじめ」についてでした。春信君の提案

❶子どもの死は理不尽なもの。そこへ怒りをぶつけても無益なのでひとことに留める。あまりくり返すと、哀悼《あいとう》の意ではなく愚痴のように感じられてしまう

❷子どもの年齢に応じて、エピソードを選ぶ。無理に深刻な話をする必要はないが、「かわいい、明るい、元気」ばかりでは小学校の低学年に向けた弔辞のようでおかしい

自分の心境　遺族への配慮　結び

で、一年三組はそれを話し合いました。私はあのときとても驚いたのです。「まだ入学したばかりなのに、うちのクラスにいじめがあるのか」と、そう彼に尋ねました。すると彼は「自分のクラスにないからいい、という問題ではないと思います」と答えました。ほかの生徒たちには意見がなくて、春信君だけが「人の嫌がることをする人は悪い」とはっきりした意見を言った。あのあと、「中学校はすごいところだと思った」と、私に言った生徒がいました。

❸春信君が入院したので、一年三組のみんなはとても心配していました。一度快方に向かったと聞いたときは、一斉に歓声を上げたほどです。それなのに、今日のことは悔しくてなりません。

❹春信君のお父さん、お母さん。ご看病の甲斐《かい》なく春信君が亡くなられたこと、心から残念に思います。クラスの生徒たちも応援しておりますので、慰めになるかどうかわかりませんが、彼らをわが子と思い、お心強くお暮らしください。

さようなら、春信君。安らかにお眠りください。

こころ❖がまえ

- 故人が中学生、聞き手にも同級生が多く含まれる、という場合は多感な時期だけに十分配慮を。子ども扱いするのでなく、伝えるべきことは伝える
- 故人には大人と同等の敬意を

❸闘病の姿は必要に応じて語る。苦しいようすをわざわざ描写することが本意ではないので、遺族ら聞き手の感情にも配慮して適切な言葉を選ぶ

❹大人に向けて語る部分もあまり難しい言葉遣いは避ける。聞き手に子どもが多いことを忘れずに

生徒へ

故人＝中学生、女子。いじめによる自殺
読み手＝60代男性、校長。校内のいじめ問題に取り組みを始めていた

哀悼の言葉　自分の心境　世間や校内の現状と対策

勇魚川中学校を代表して、謹んで田村縫子さんのご冥福をお祈りします。

❶この現実を前にして、いかなる弁解も許されません。縫子さんの自殺という深刻な事態を受け、学校長としてまことに痛恨の極みと申し上げる以外になく、こうして深くこうべを垂れるのみでございます。

❷調べによると、いじめは、力が弱い、動作が遅い、生意気、いい子ぶる、仲間に入らない、肉体的欠陥がある、人よりすぐれている、転校生、を理由にすることが多いそうです。これに対してわが校は、卒業時には、生徒全員が友達とのあたたかい思い出を胸に、瞳を輝かせて理想の未来へと羽ばたいていく、そんな学校を目指してまいりました。

いじめによるトラブルは、ことあるごとに担任教師を交えた面談を持ち、生徒たちから詳しく事情を

❶いじめが自殺の原因とはっきりしているなら、潔く非を認めて謝罪することが第一。責任回避の言動は不当なだけでなく、かえって生徒たちの動揺を深めることになる

❷ここではあえて人柄や思い出にふれず、いじめの現状や対策を語る。誠実な考え方、真摯《しんし》な取り組みを理解してもらう。もちろん弁解の言葉としてではなく

結び　遺族・生徒への配慮　謝罪の言葉

聞き、対処してまいりました。教員は常に生徒たちのようすを見て、その原因や状況を把握し、いじめた者が心から非を認めて仲直りするようにと、指導してまいりました。生徒同士に人権の重要性を認めさせ、笑顔で握手を交わせるような話し合いをしました。ささいなことでも調査を行い、真剣な姿勢で、いじめ対策に気を配ってまいりました。

しかし、縫子さん。あなたが自殺というもっとも悲しい手段で悲鳴を上げたように、教育者の集まりとして勇魚川中学校も、いま悲鳴を上げています。

③あなたを死なせてしまったことで、挫折と悲嘆に打ちひしがれ、深い反省の思いにうなだれています。

ご両親はじめご遺族の方々には償う術《すべ》もございません。④二度とこのようなことは起こさぬという、怒りと決意をもってひたすら謝するのみであります。

幸多き未来を持った、縫子さんでございました。原因はこれから明確にいたします。どうか、勇魚川中学校の生徒たちを見捨てずに、心静かにお眠りください。心から、ご冥福をお祈りいたします。

こころ❖がまえ

- 多感な思春期のいじめによる自殺という事態を前に、安易な内容や表現は禁物。草稿を練り、できれば第三者に見てもらう
- 同級生たちの動揺する気持ちを落ち着かせることを念頭に

③前段の説明が言い訳に聞こえないよう、ここであらためて心からの謝罪の言葉を入れる

④悲しみを乗り越え、再発防止のために今後も努力していくという気持ちを、遺族にも生徒たちにもきちんと示す

生徒へ

故　人＝高校3年生、男子。バスケットボール部のキャプテン。交通事故死
読み手＝30代男性、教師。担任

呼びかけ・自分の心境

人柄・思い出

❶北村壮一郎君、君にこうしてお別れの言葉を述べることになろうとは……胸ふさがる思いです。

北村君、君が二年生になって間もなく、卒業後の進路について話し合いましたね。あのとき、君は卒業したらアメリカに留学して、バスケットボールのプロ選手になりたい、と言った。初めは正直、何を馬鹿なことを、と思いました。しかし、半信半疑だった私も、❷「小さい頃からの夢なんです」と話す君の輝いた目を見ていたら、やれるだけやったらいい、と応援する気持ちになりました。その夢を叶えるために、君は一生懸命努力しましたね。苦手だった英語でついに学年トップになったときは、わがことのように誇りに思えたものです。

もちろんバスケットでも、日々の鍛錬を欠かさず行っていましたね。朝練に昼練、部活が終わってか

❶間柄を踏まえて、型どおりでなく、心から呼びかけ、心情を吐露する導入部に

❷言葉や、そのときの表情、しぐさなどを語ることで、故人の人柄が参列者に伝わりやすくなる

こころ❖がまえ

●教師と生徒の関係で、敬語の多用は不自然。生前と同じ調子で語りかけるとよい。ただし、遺族に不快な思いをさせないよう、名前の呼び捨てなどは避け、丁寧語（です・ます）を基本とする

遺族への配慮・結び　今後について

らも一人居残りで自主トレーニング。私が感心して「よくそこまで頑張るなあ」と声をかけたら、「自分のためですから」と答えた北村君。❸生徒である君から、教師である私が、とても大事なことを教わったあのひとことを、決して忘れないでしょう。

キャプテンに選ばれてからは、人間としてひと回りもふた回りも大きく成長し、すばらしい統率力を発揮しました。めったに怒らず、いつもやさしくほほえみながら下級生の話を聞いてあげる姿勢、本当に信頼できるキャプテンだったと思います。

❹今日は、バスケット部の仲間たちも、別れを惜しんで全員参列しています。来月にはインターハイ予選が始まります。キャプテンを失った痛手は大きいけれど、優勝を君へ捧げるために頑張ると約束してくれました。北村君も、はるか空から彼らの活躍を見守ってあげてください。

❺ご両親におかれましては、さぞご心痛のことでございましょう。心よりお悔やみ申し上げるとともに、北村君の安らかな眠りをお祈り申し上げます。

❸「教師」ではなく、一個人として感じた故人の魅力を紹介すると、印象に残る弔辞になる

❹参列した生徒たちについてもひとことふれる

❺若くして息子を亡くした遺族には、心からのいたわりの言葉を述べる

先生へ

故　人＝50代女性、教師。病気発見後、比較的早い病死
読み手＝中学3年生、男子。クラス代表

呼びかけ　自分の心境

藤田登茂子先生に、北原中学校三年三組を代表して、お別れの言葉を申し上げます。

❶先生、本当にいなくなってしまったのですね。九月中に入院されて、そのまま亡くなってしまうなんて。あまりにも突然で、いまもまだ信じることができません。必ず全快して、教壇に立ってくださると思っていました。山崎先生が臨時担任をしてくださることになったときも「いつまでかなあ」と、そのくらいに考えました。気の回らない教え子たちを、先生どうか許してください。

❷いつも白衣を着た理科の先生で、フラスコを洗う姿がサマになる先生でした。新学年最初のオリエンテーションのとき、先生は「この一年で中学生活も終わりだから、悔いのないようにしよう」とおっしゃいました。早々から進路相談を始めていただき、

こころ❖がまえ

- 多少稚拙な文章表現になっても気にしない。恩師への敬意と率直な哀悼《あいとう》の気持ちを大切に
- 生徒の代表であることを踏まえて話す。個人的な思い出もよいが、それだけに終始しないように

❶自然な呼びかけで敬愛の情を表し、学生らしい素直な言葉で悲しみと驚きを表現する。変に大人びたあいさつをする必要はない

❷心に浮かぶ姿をそのままに語る。故人を悼《いた》み、在りし日を偲《しの》ぶ気持ちが素直に出ている描写

人柄・思い出

今後の決意

結び

大切な一年の始まりを、親身に気遣ってくださった。クラスの生徒のなかには「親に言えなくても先生になら相談できる」という人もいたほどです。

❸夏休みが明けて二学期が始まったとき、やせられた先生の姿を見て「前は中年太りで困ってたから、きっとダイエットをしたんだね」と噂しました。僕たちはみんな、そうなんだと信じていました。でも、九月に検査入院をすることになり、それっきりになってしまいました。

ホームルームの時間を大切にした藤田先生。新聞や雑誌から議題を探して、クラスで討論会をしましたね。世の中にあるいろんな問題について、話し合うことの楽しさと意義を教えていただきました。

❹これからは先生の残してくださった教訓を胸に抱いて、山崎先生のご指導にあずかりながら、残り少ない中学生活を、未来に向かって、しっかりと歩いていきたいと思います。

先生、ありがとうございました。どうぞ安らかにお眠りください。

❸死の前の姿を語る場合、悲しみがより深まるような感傷的な話し方ではなく、あくまでも故人を偲ぶ言葉として語る

❹悲嘆に暮れるばかりでなく、今後への決意もしっかり示す。その際は「先生のご教訓を胸に」のように故人の教えを踏まえた歩みである、ということを添えるのが一般的

先生へ

故　人＝40代男性、教師、吹奏楽部の顧問。交通事故死
読み手＝高校3年生、女子。吹奏楽部部長

呼びかけ　自分の心境

西原智彦先生のご霊前で、❶先生の教え子であります県立南鳥高等学校吹奏楽部部員を代表しまして、お別れの言葉を申し上げます。

西原先生、私たちはいまも信じられません。あんなにお元気だった先生が、こうして棺《ひつぎ》のなかで冷たくなっているなんて。先生には教えていただきたいことが、たくさんありました。先生が亡くなって、その大きさを私たちはあらためて感じています。

この三年間、毎日のように先生と過ごした音楽室。楽しい思い出がいっぱいでした。❷「『音楽』とは『音を楽しむ』と書く。だから、演奏も楽しんでやろう」というのが先生の口癖でしたね。練習の合間にも、先生はよく冗談をおっしゃって私たちを笑わせてくださいました。いつも明るく笑いが絶えない吹奏楽部、それは先生の人柄によって作られたのだと思い

こころ❖がまえ

●高校生ともなれば、礼にのっとった弔辞となるよう心がけたい。敬語もある程度は使いこなせるように。ふだん使い慣れていないのなら、事前に十分読む練習をしておくこと

❶初めに故人と自分との関係、自分の立場を述べる

❷故人の言葉を紹介するときは、少しゆっくりと読み上げる

人柄・思い出

ます。

いつも同じところで失敗して落ち込んでいた私に、先生は③「上手に吹こうと思わなくていいから、楽器にあなたの気持ちを伝えなさい」と笑顔でおっしゃいましたね。私が一つの壁を越えられたのも、先生のあのアドバイスのおかげです。同じように、部員一人ひとりにきめ細かい、適切なアドバイスをしてくださった先生。私たちが、今年、全国大会に出られるまでに成長したのも、先生が我慢強く、熱心に指導されたおかげです。

今後の決意

その先生がいらっしゃらないいま、全国大会で演奏するのはとても不安です。でもこんなときこそ先生がおっしゃった④「音を楽しむ」の精神で頑張ってみようと思います。そして、今度の全国大会の演奏は、天国の先生へ捧げるつもりで一生懸命演奏しようと、部員全員が決意を新たにしています。

結び

⑤ですから先生、天国から私たちの演奏に耳を傾けてくださいね。先生が安らかに眠れるように、心を込めて演奏します。

③「熱心」「丁寧」などの形容だけでなく、具体的な言葉や動作を入れることで、故人の実際の指導ぶりが浮かび上がる

④カギとなるひとことを中心に文章を組み立てると、まとまりよく、故人の人柄を伝えることができる

⑤あとで演奏するので、それにつなげるひとことを

先生へ

故　人＝20代男性、教師。交通事故死
読み手＝30代男性、父兄。故人の担任クラスに自分の子が在籍

呼びかけ

野村充先生に、北原東小学校五年四組の父兄を代表して、お別れの言葉を申し上げます。

自分の心境

あまりにも突然のできごとで言葉さえございません。❶野村先生の骨身を惜しまない誠実なご指導を、父兄一同信頼し喜んでおりましたのに、まことに残念なことになり、悲嘆の思いに暮れております。

今年は転校生が多いと聞いておりました。学年末を前にした寒い季節、クラス担任と教科体育主任を兼ねるお立場や各種指導への精勤ぶりから、健康を害することがないようにと案じた矢先の大事でした。登校指導中の交通事故という不慮の災難で帰らぬ人になってしまい、まことに残念でなりません。

❷新学期、野村先生のクラスに入って子どもたちは「やさしそうな若い先生」だといって喜びました。すぐに仲良くなれそうな青年教師、子どもたちは、

❶初めに父兄代表であることを明言し、さらにここで一同に代わって感謝の言葉を述べる。もし個人的な内容を語るなら、これらの言葉のあとで

❷故人に対するわが子の印象を織り込み、故人との直接の交わりが少ないハンデを補う。子どもの素直な目で見ることは故人を偲《しの》ぶにもよい方法

人柄・思い出

そんな先生像を期待していたようです。父兄の間では「子どもがおとなしい良い子になった」「学校へ安心して送り出せる」と、評判になりました。

野村先生のご指導で、この一年弱の間に子どもたちは、田植え、陸上記録会、社会見学、親子キャンプ、水泳記録会、運動会、遠足、他校との交流会、文化祭、マラソン記録会、もちつき祭り、と多くのことを体験しました。子どもと社会の橋渡しをする時期に「先生は人間が大好きだ」と教えていただいたことは、❸子どもたちにとって、とても大切な宝でした。父兄一同感謝をしております。

今後の決意

❸今後はその子どもたちが、受け継いだ宝を見失わないよう見守っていく。それが野村先生のご指導という恩に報いる、父兄の務めと考えます。

遺族への配慮

若くして亡くなられた野村先生のご遺族の方々には、まことにご愁傷のことと存じます。これからは教え子たちを、野村先生の心を継いだわが子と思い、悲しみに打ちひしがれたお心をお慰めください。

結び

野村先生。切にご冥福をお祈りいたします。

❸教師の人柄や功績を語る際は、それをたんに思い出としてではなく、教師が生徒に残した財産として位置づけることが大切。今後の決意として、その財産を守り育てていくことを誓う

こころ❖がまえ

- 教師と父兄という関係の場合、故人の人柄を語るほど親しくないなら、子ども（生徒）の目を通してその人間像を語る
- 年齢の上下に関わりなく、きちんと敬語を用いる

恩師へ

故　人＝50代男性、中学校教師。病死
読み手＝40代男性、故人が初担任したクラスの教え子

呼びかけ

中林祥治先生のご遺影を前にいたしまして、❶教え子を代表し、お別れの言葉を捧げます。

自分の心境

先生から年初にいただいた年賀状で、お孫さんとごいっしょのお写真を拝見しました。幸せそうな笑顔と、手書きの「初孫に恵まれました」の文字からは、先生の喜びがにじみ出ているようでした。まさかこんなに早く逝《い》ってしまわれるとは、❷痛恨の情を禁じえません。

遺族への配慮

❸ご遺族には、お嘆きのほどはいかばかりかと存じます。まことにご愁傷のことと存じますが、どうぞお気をしっかりとお持ちになり、悲しみから早く立ち直られますようお祈り申し上げます。

先生との出会いは、いまから三十年前のこと。大学を卒業され、教師になられたばかりの先生が、最初に担任なさったのが、私たち羊ヶ丘中学校二年B

❶一個人から捧げる追悼《ついとう》の言葉ではなく、今ここにいる「教え子」たちを代表する旨を述べる

❷文語的表現を使うことで、格を感じさせる弔辞となる。悲しみを表す言葉には、ほかに次のようなものがある
例▼「哀悼《あいとう》痛惜の念に堪えません」「哀悼、悲嘆の極みです」

❸通常、遺族への慰めの言葉は終わり近くに述べることが多いが、文章の流れで不自然でなければ、どこにおいてもかまわない

人柄・思い出

組でした。京都への修学旅行、体育祭のクラス優勝、文化祭の仮装コンテストなど、あの一年間の楽しかった思い出がいくつも思い出されます。

先生から教わったのは、学業ばかりではありません。人としてのあり方、強い心の持ち方など……。「勉強はだれかのためにするものじゃない。自分の興味があることを学べばいい」という先生のお言葉は、いまなお強く印象に残っております。

代表としての弔意

今日は、④私たち羊ヶ丘中学校の卒業生だけでなく、熊山中学校や兎原中学校と、卒業した学校も年齢もばらばらですが、先生の教え子たちが大勢、この葬儀に参列しております。私とは初対面の方も多く見受けられますが、すべては先生とのご縁によって結ばれた者たち。いまは皆が、先生を失ったという一つの悲しみを共有しているのです。

結び

中林先生、安らかにお眠りください。これからも⑤先生の教えを羅針盤《らしんばん》としながら、私たちは人生の荒波を乗り切っていきます。はるかな空から、ご遺族と私たち教え子の行く末をお見守りください。

④他校の卒業生たちにも配慮を忘れずに

⑤結びでこう述べることにより、先に引いた故人の言葉がより印象づけられる

こころ❖がまえ

●ひとくちに「教え子」とはいえ、年齢も立場もさまざまな人々を代表しての弔辞。個人的な思い出話だけでなく、皆の心境を代弁するひとことを入れると、参列者全員の心に響くものとなる

恩師へ

故　人＝70代男性、元教師。教職の現役を離れて約10年後の病死
読み手＝40代男性。高校時代の教え子

呼びかけ　　自分の心境

　染谷先生のご霊前に、大崎高等学校の教え子を代表して、謹んでお別れの言葉を申し上げます。

❶先日、体調を崩されて、入院されたと聞いたばかりでした。お見舞いにもうかがえず、残念でなりません。先生には三年生のときに、担任をしていただきました。長身、細身で、首を縦に振りながら熱意を込めて話す先生のお姿が、まるで昨日のことのように思い出されます。❷ときには厳しく叱られましたが、眼鏡の奥にある先生の親心を思うと、いまは感謝の気持ちでいっぱいです。

　夏休みに、同級のみんなで先生の家を訪ねたことがありました。農家だった家の庭に十二台のバイクが並び、先生はヘルメットを脱いだ私たちに「よく来たね。いっしょに川遊びをしよう」と言ってくれました。近くの清流にある中洲《なかす》でキャンプをして、

❶病気になったことを知っていたが、見舞いの機会がないまま他界してしまった場合は、このようにひとことお詫《わ》びの言葉を

❷怒られたり叱られたりした思い出を披露するときは、当時はともかくいまは その「親心」が理解できる、そのおかげでいまの自分がある、といったまとめ方にするとよい

人柄・思い出

飯ごう炊き、バーベキューのご指南も丁寧に……。スイカまで畑からとってきていただいて、「こんな先生ほかにいないよ」と、私たちは話しました。

進路指導で先生は③「人生は一度しかない。何でもいいから挑戦しろ」と諭されました。あの頃は大半の生徒が、自分の将来を決めかねていたのです。何になればいいのかわからない、そんな年頃ですからね。私が「公務員になりたい」というと「そうか、頑張れ」とだけ先生はおっしゃった。私たちは自然のうちに、なるようになりました。将来を決めかねるなかでも、「とにかくいまの状況から逃げない」、そのお教えを実行した結果だったと思います。

④いつもコツコツ仕事をされていた「眼鏡先生」。

感謝の言葉

先生のお考えが、いま私たちには理解できます。進路指導での先生は、夜の中洲で川筋を照らしたカンテラと同じことをされたのですね。これは一生忘れられない、私たちへの励ましでした。

結び

さようなら、私たちの大好きな染谷先生。ありがとうございました。ご冥福をお祈りします。

③故人の言葉を紹介するときは、その面影を偲《しの》びながら、故人の徳への感謝を込めて

こころ❖がまえ

- 心は学生時代に帰り、親しみを込めて語りかける。当時の呼び名なども適宜用いるが、あくまでも礼を失しない程度に
- 故人の教えのおかげでいまの自分がある、という方向性で語る

④当時を思い出しながら、親しみを込めてあだ名での呼びかけ。遺族らが聞いて不快に思うようなあだ名の場合は文中に入れない

恩師へ

故人＝80代男性、元大学教授。病死（老衰）
読み手＝30代男性、教え子。大学時代にゼミ生として教えを受けた

呼びかけ

人柄・思い出

橋本先生の霊に、教え子を代表して、謹んで心からのお悔やみを申し上げます。❶天寿に恵まれ、はるかな世界へ旅立っていかれた先生。先生の思い出あればこそ、大学は私たちの心の拠《よ》りどころでした。

私たちと先生とのおつき合いは、夏のゼミが始まりでした。❷先生は野球というスポーツを熱愛しておられましたね。そんな先生のご趣味がなければ、私たちは文学を素通りしていたことでしょう。先生の野球好きが、文学への道を開いたのです。

先輩から聞いた話では、先生は毎年のようにゼミの学生でチームを作ってらしたそうですね。理系のゼミが作るにわかチームと対戦するのが楽しみで、そこで監督をするのでした。❸最初の説明会では「なぜゼミの教室にバットとグラブが」と疑問でしたが、いつのまにか対抗戦をしてしまい、いつのまにかゼ

❶医学的には病死でも、自然死に近いような大往生であれば「天寿に恵まれ」などの表現も不適当ではない。ほかに「ご自身の生を全うされ」など

❷野球好きという故人の一面を語ることで、故人から受けた恩につなげる

❸ユーモアを交えて語る一節。口調も、会葬者が心あたたまるような、少し明るめの調子で。下品な冗談のようなふざけた感じにならないよう注意

結び　今後の決意

ミ生になっていました。❹いったい先生は何学の教授だったのでしょう？　英文学を学ぶつもりが、「打って走って守る」貴重な体験をいたしました。

ご高齢でいらっしゃるのに、お酒が好きでいらっしゃいましたね。居酒屋へ誘っていただいたとき、私はお酒を過ごして、頭でっかち弥次郎兵衛さながらの文学論を恥ずかしげもなくぶちまけました。あのように拠るべき知識もなくフラフラとしていた年頃に、先生と時間を共有できたこと、ご高説をうかがい、野球を通じて人生を学んだことは、またとない幸運だと思います。先生はご自分の生きる姿勢で私たちを勇気づけ、励ましてくださいました。それを思うたびに、身の引き締まる思いです。

先生。もう、思い出の中でしか会うことができませんね。やっとご高説のわかる年齢になってきたのに、先生はいらっしゃらない。教え子として残念でなりません。どうかはるかな高みから、ご教訓を実践していく私たちを見守っていてください。

橋本先生、心よりご冥福をお祈りいたします。

❹ユーモアの表現であることがわかるよう、言葉遣いと口調に注意。あまり重々しいと、非難しているように聞こえてしまいかねない

こころ❖がまえ

- 文字どおり、恩師の「恩」に感謝する気持ちが第一。印象的な思い出を語りながら、故人の徳によって啓発された自分の成長にふれて、「先生のおかげです」とまとめる

教え子へ

故人＝20代女性、看護士。病死
読み手＝50代男性、教師。故人が中学3年生のときに担任した

呼びかけ　自分の心境　遺族への配慮

河原佳子さん、❶あなたに、このような弔辞を読むことになるとは思ってもみませんでした。

この悲しみは、筆舌に尽くしがたいものがあります。運命のいたずらとは申しますが、いまは、無情の運命がただ恨めしく思われます。あまりに突然の訃《ふ》報《ほう》を受けて、にわかに信じられぬ思い……いまも少なからず動揺しております。

❷ましてや、突如として病魔に最愛の娘を奪われたご両親のご無念をお察しすると、お慰めの言葉もございません。心よりお悔やみ申し上げます。

今日は中学時代の同級生たちも、お別れを惜しんで大勢集まっています。懐かしい顔がそろいました。

私が河原さんを担任したのはあなたが三年生のとき。文化祭の実行委員に任命されて張り切っていましたね。毎日、放課後遅くまで熱心に作業していま

こころ❖がまえ

●遺族が自分に弔辞を頼んだのは、「看護士になりたいという故人の夢を後押ししてくれた恩師」という理由からであろう。その意をくみ取って、進路指導についてのエピソードを組み込んだ文章に

❶女性の呼称として自然。年下であれば、「君」でもよい

❷若くして子を亡くした両親には、まず心からのいたわりの言葉を

人柄・思い出

した。あのとき、放課後の教室に響いた河原さんの楽しそうな笑い声、いまもよく覚えています。

よく気がついて心やさしいあなたは、みんなから愛されていました。そこにいるだけで、周囲の者は明るい気分になり、自然と笑みがこぼれる。あなたにはそんな不思議な魅力がありました。だから、❸進路指導の面接にあたって「私、看護婦になりたいんです」と聞いたときには、それは天職に違いないと、私も大賛成したのです。

その希望がかなって看護士となり、あなたは病に苦しむ人々に、たくさんの笑顔と希望を与えました。確かに短い生涯ではありました。しかし、多くの人々に救いと癒しを与え、感謝されてきたあなたの人生は、実に称賛に値するものであったと、私は信じております。

結び

河原さん、あなたを失った悲しみに限りはありませんが、そろそろお別れを言わなければなりません。❹河原佳子さん、さようなら。心からご冥福をお祈り申し上げます。

❸故人のその後の職業につながるエピソードを紹介

❹最後にもう一度名前を呼びかけ、別れの言葉を述べて結びとする

教え子へ

故　人＝20代女性、元生徒。卒業から3年後の病死
読み手＝40代女性、教師。高校時代の担任

哀悼の言葉

❶横田敬子さんが私の受け持ちになったのは、ちょうど六年前のことでした。心の底に強さを秘めたおとなしい子。そんな印象でした。彼女は白血病という厳しい現実を抱えていました。そしてついに、帰らぬ人になってしまったのです。ご冥福をお祈りするとともに、ご両親をはじめご遺族の方々に、謹んで心よりお悔やみを申し上げます。

入学式の日に敬子さんは、お母様と職員室へ来て、病気のことをいろいろ話してくれました。彼女は、お母様の隣で、新しく始まる高校生活への希望に満ちて瞳をクリクリと輝かせていました。❷その瞳がずっと希望を燃やし続けるよう祈りました。何年かかってもいいから、無事に巣立ってほしい、と。

敬子さんの高校生活は、いつも病気との闘いでした。すぐ貧血を起こす疲れやすい体、同世代の活発

❶形式的なあいさつは省略し、初めて会ったときの印象を語ることで、静かで深い哀悼《あいとう》の気持ちを伝える
❷話し手の感情を込めやすい一節。それだけにあまり感傷的になりすぎないよう、冷静な落ち着いた口調を心がける

こころ❖がまえ

- かつての教え子の死は辛いが、感情を込めるのと感傷的なのは異なる。闘病のエピソードも、辛さより、故人の強さを前面に
- 教師が生徒から教わることもあるという謙虚な気持ちで

人柄・思い出

な友達とは違う自分を、やるせなく感じていたでしょう。治療のため休みがちな状態で、成績だけは落とすまいと努力を重ねていました。病欠で失う時間が惜しく、辛くても安易に休まない……大人の私が見ても息が詰まるほどけなげな態度でした。
　私は迷いながら、クラスの生徒たちに敬子さんのことを伝えました。本人の許可を得て、ホームルームで彼女の病気を公表したのです。無理のできない事情を仲間たちに理解してもらい、協力を得るためでした。むしろ、いつも反抗ばかりする生徒のほうが、率先して敬子さんを気遣うようになった。❸生徒たちの心底にあるやさしさに感動しました。

自分の心境

　敬子さん。あなたが無事に卒業してくれた日の喜びを、つい昨日のことのように思い出します。卒業後もその喜びが続くよう願っていたのですが……。

結び

　私たち教師にできることは、❹あなたが示した人間の強さを大切な宝物として、これからの生徒に接することです。敬子さんもどうか、私たちを見守ってください。どうぞ安らかにお眠りください。

❸ただ辛いだけの話にしないで、教育的な配慮を。闘病のエピソードは、生徒たちの成長の証《あかし》としてまとめる。お説教くさくならないよう注意

❹前段でのまとめを受けて、「その教訓を財産として今後は」のように展開。今後への決意を感じさせる終わり方に

先輩へ

故　人＝50代男性、営業マン。働き盛りで発病、半年の闘病後の病死
読み手＝50代男性。大学時代の後輩

呼びかけ

人柄・思い出

このたびのご不幸、まことにご愁傷さまでございます。沖島大学軽音楽部員一同を代表して、謹んで早川先輩の御霊《みたま》にお別れの言葉を申し上げます。

早川先輩。あなたが得意げに演奏する姿を、もう見ることができないのですね。この半年間、あなたがいる病院を見舞うたびに、早くよくなってくださることを心から祈っていました。❶あなたはブルースの楽譜のように、悲しみのリフレインだけを残して不帰《ふき》の客となってしまった。遺影を見るたびにライブ喫茶「東京ブルーライツ」でコンサートをしていた頃の、懐かしい姿が思い出されます。

在学中のあなたは、いつも部室にいてギターを弾いていましたね。グループサウンズが大好きで、「タイガース」の曲などはすぐにコピーをして歌いました。「軽音三羽がらす」と呼ばれた一人で、ギ

こころ❖がまえ

- 学生時代に接した姿を中心に故人の思い出を語る。内輪の話にせず、会葬者全体を意識して
- 故人が愛した「音楽」をモチーフにした表現を用い、哀悼《あいとう》の気持ちを示す

❶音楽にまつわる比喩的表現などを用いて、音楽を愛した故人を悼《いた》む。あまり多用すると気障《きざ》で心ないものに感じられるので、要所で使う

結び　遺族への配慮　今後の決意

ターテクニックは後輩の憧れの的。あなたが率いたバンドが横田楽器店のフェスティバルで入賞したのは、大学時代の輝かしい思い出です。
②社会人になってからのあなたは、③楽器メーカーの営業マンとして、販路拡大と軽音楽の普及に日夜努力されました。楽器の材質や構造について知識が豊富で、お話しをうかがうと、まるで楽器が曲を奏でるように優雅に言葉を紡がれました。音楽が大好きな先輩。あなたが壮年の半ばで急逝《きゅうせい》されるとは、本当に残念でなりません。バンドも復活させたかった。
早川先輩。いろいろとお世話になりました。④これまで教えていただいたご教訓の数々を心に宿して、人生を豊かに過ごすことが、先輩から受けたご恩に報いる道と信じております。

ご遺族の皆様にはお慰めの言葉もありません。どうぞ一日も早いお立ち直りをと、無力ながらご祈念申し上げるのみでございます。

早川先輩のご冥福を心からお祈りいたしまして、最後のお別れの言葉といたします。

②故人の人柄をまた別な側面から披露し、より奥行きのある人物像に。話が変わるところなので、少し言葉を切ってから続けるとわかりやすい

③社会人時代についても、知っていることがあれば加えておきたい。この例では、故人の音楽への愛情をより的確に伝えるエピソードとなっている

④「今後の決意」は、故人の残したものを将来に生かしていくことで、故人は死んでもその志は生き続ける、という趣旨で

先輩へ

故　人＝70代男性、元県警勤務。高齢ながら頑健だった。急な病死
読み手＝70代男性。中学時代の柔道部後輩

呼びかけ

小茂田先輩のご霊前に、昭和〇年卒の鳩村中学校柔道部部員を代表して、謹んでお別れの言葉を申し上げます。

自分の心境

❶筋骨隆々として、あれほどの猛者《もさ》であられた先輩が、大患の末に帰らぬ人になってしまうとは、いまだに信じがたい思いを禁じ得ません。あなたの死に立ち会うとは悲しみの極みです。

私たちは、昭和〇年、近郷の中学校が参加する鳩村神社主催の武道大会で優勝した、鳩村中学校の柔道部員でした。あなたは真の柔道家でありましたね。

鳩村高校へ進まれたあなたは、柔道をお続けになりました。❷鴨山高校の私たちと何度か対戦をして、盤石《ばんじゃく》の強さを示されたことは、いまに残る思い出の一つです。あなたは私たちの目標でした。

県警に就職されてからのあなたは、郷土の治安に

❶生前、人一倍元気だったようすを描写することで、いまだにその死を信じられない深い驚きと悲しみを表現する

❷自分と故人の強い結びつきにふれ、故人を悼《いた》む気持ちの強さを伝える

こころ❖がまえ

- 柔道を通じて知り合った仲であることを踏まえ、すぐれた柔道家であり人格者であった故人の人柄をエピソードを交えて語る
- 故人が安心できるよう、その志を継ぐことを伝える

人柄・思い出

遺族への配慮

今後の決意・結び

一心を込められましたね。

3 また、県警の道場で、子どもたちに柔道を教えてくださいました。あの道場で育った子どもが、県下の大会で勇名を馳《は》せたのは、あなたのご指導という下地があればこそでした。

退職なさってからは、東高等学校柔道部のコーチをされていました。警察の道場で育った子どもたちが大人になり、あなたを招いたのです。柔《やわら》の道を通じて生きる姿勢を教える、あなたのお人柄があればこそ。彼らはあなたのご指導を忘れませんでした。

ご遺族の方々には、このたびのご不幸、まことにご愁傷のことと存じます。あれほど頑健な人が、体調を壊して不帰《ふき》の旅に出てしまった。4 天寿というにはまだ早いかもしれませんが、故人の霊を安らかならしめるためにも、どうぞお心強くあられますよう。

小茂田先輩。私たちにできることは、あなたのような愛情で、この地の子どもたちを育んでいくことです。生真面目な巨漢の真心を胸に刻み、感謝をもって、心からご冥福をお祈りします。

3 子どもたちを指導し、その子らが巣立っていく、というエピソード。故人の蒔《ま》いた「種」が未来へつながるという、前向きな内容にする

4 昔と違い、平均寿命が伸び、七十代は「もう十分生きた」ともいい切れない年代。死去の状況や一般常識を踏まえて言葉を選ぶ。社会通念の変化にも要注意

同級生へ

故人＝60代男性。定年退職後、2年ほどして病死
読み手＝60代男性。小学校以来の友人

呼びかけ　自分の心境　人柄・思い出

山県吾郎君。❶君は本当に逝《い》ってしまったのか。いつかはこんな日が来ることはわかっていたが、何もそんなに急がなくてもよかったじゃないか。

この間、私が病床を見舞ったとき、君はいつもの笑顔で迎えてくれた。血色もよく、病状は快方に向かったものと安堵《あんど》していたのに……私にはいまだに信じられない。

❷君とは、小学校以来だから、もう六十年近いつき合いになる。戦争の記憶も新しい時代、物もないのに二人でいろんな遊びを考え出したなあ。その後は中学、高校、大学、そして就職と、すぐ近所にいながら次第に会うことが少なくなった。だが、お互い仕事をリタイヤしたおととしからは、囲碁をさしたり、近所の居酒屋でプロ野球談義を楽しんだりと、いっしょに過ごす時間が多くなって「こんなに君と

❶親しい間柄であることを遺族も十分承知したうえでなら、多少くだけた言い回しでもよい

❷とくに自己紹介をしなくても、エピソードの中に二人の関係を示す言葉が入っていればよい

こころ❖がまえ

●幼い頃からの友だからこそ言える、親しみのこもった内容と口調で。ただし、くだけすぎには注意。悲しみを表す言葉や、遺族への配慮、冥福を祈る言葉などを盛り込むことを忘れずに

今後について

遊ぶのは小学校以来だなあ、子どもの頃に戻った気分だよ」と、君は笑ったものだった。私とて同じ気持ちだった。❸定年後の生活に寂しさも感じず、日々楽しめたのも、君がいたおかげなのだから。

だから、これからは本当に寂しい。君といっしょに行くはずだったこの春の四国遍路《しこくへんろ》の旅も、私一人で行ってくるよ。帰ってきたら、君の霊前に撮影してきた寺の写真を供えようと思う。若い頃から多趣味で、とくにカメラについてはプロ並みの腕前の君に見せるのは恥ずかしいがね。私も君を見習って趣味を楽しむつもりだ。いずれ私も君と同じところへいくが、そのときには、君とカメラ談義に花が咲くかもしれないね。

遺族への配慮

吾郎君の❹奥さんの裕美子さん、長男の肇くんと長女の仁子ちゃんは、❺看病でさぞお疲れだったろう。悲しさ、寂しさはすぐに癒《いや》せるものでもないが、私にできる限りのことはさせてもらいたい。

結び

❻山県、もう何も心配することはない。これからはゆっくりと眠ってくれ。

❸感謝の気持ちを込めて読み上げる

❹遺族ともよく知った間柄なら、ふだんと同じ呼び方でかまわない

❺故人が長患いの末に亡くなったときは、遺族へのねぎらいのひとことを必ず述べること

❻結びは、親しみを込めて、ふだんどおりの呼び方でしめくくる

同級生へ

故　人＝60代男性。妻と3人の子を残しての病死
読み手＝60代男性。高校時代の友人

呼びかけ

命は天にありというが、❶こんなに早くお前が黄泉《よみ》路《じ》へ旅立つとは思わなかった。阿部よ、俺は涙を止めることができない。

人柄・思い出

俺たちは同郷の、富士崎農業工業高等学校一年五組の同級生。お前はいつも、教室の最前列で勉強をしていたな。俺はいまでもはっきりと覚えている。

お前は生真面目なくせにそそっかしい男だった。

いっしょに上京してからは、垢《あか》で死んだ者はないという生活をした。ご婦人方の落下傘スカートに心をときめかせ、太陽族気分で江ノ島まで無銭旅行をした。当時のことがあるから、私は孫のヒーローだ。

同じ学舎で旋盤を学んだ仲が、社会人となり別々の道を歩んだ。❷あいかわらずそそっかしいお前は、上京してから五年続いた毎年の忘年会で、何度も下足を紛失したっけな。

❶目の前に故人がいるかのようにふだんの言葉で語りかける。しかし、これをあまりやりすぎると聞き手の不興を買うので注意

❷故人の失敗談にふれる場合は悲しみのなかにユーモアと愛情を交えて。そのあとのフォローも大切

こころ❖がまえ

●大の親友として、少々型を破った言葉遣いもむしろふさわしい。故人への礼を失しない程度を心がける。あくまでも故人への愛情から出た言葉であることが大事で、そうであればこそ許される

自分の心境　遺族への配慮　結び

思い起こせば一度だけ、阿部が微塵《みじん》のそこつさもなく、やり遂げたことがあります。それが奥様へのプロポーズでした。朝子さんを好きになった阿部は、デートの誘いから求婚、婚礼までを計画どおりに成就させた。振り返れば、あれがのちの同窓会で、一番の出世頭は阿部だと許することになる、最大の理由だったと思います。

定年後の余暇も味わうことなく、入院からほんの三ヵ月という短さで逝《い》った親友よ。家族ぐるみの長く深いつき合いをしたお前との友情は、まるで夢のようだったよ。

奥様、そしてお子さん方。❸ご遺族の方には申し上げるべき言葉も見つかりません。どうかお気持ちを強く持って、❹彼が安らかに眠るためにも、支え合ってお暮らしくださいますようお祈り申し上げます。

阿部よ。やはりお前は最高の友だ。縁あらば千里という。最後の願いは、これまでの自分の至らなさを許してもらうことだけだ。親友よ、安らかに眠りたまえ。仏となって、ご家族を護りたまえ。

❸くだけた言葉遣いに終始しながらも、あらためるべきポイントでは切りかえる。とくに遺族へ言葉をかける段では、口調も態度も含め、あくまで厳粛に

❹遺族へ安易な元気づけの言葉はかけられないが、故人の本意は残された者の再起にあるはずで、その点を踏まえた言葉とする

同級生へ

故　人＝60代男性、会社員。突然の自殺
読み手＝60代男性。大学で学生運動にともに参加した親友

呼びかけ　／　自分の心境

❶悲運としか言いようのない運命のいたずらだと、俺はそう思います。辺見よ、お前は時代の光と影の犠牲になったとしか思えない。

　辺見貴志という男は、時代に弄《もてあそ》ばれた悲しい男。俺は辺見を空しくさせた、社会への憤りと悔しさを忘れない。辺見は責任感が強く、真面目な男でした。問題を最後まで追求する正義の人。俺は辺見こそが正直者だと、叫びたい衝動をこらえています。辺見がなぜ安息の水辺を捨てて自ら❷黄泉《よみ》へ飛び込んだのか。その意図は何だったか。

　辺見と俺は同じ大学に通っていました。「経済成長」という獲物に禿鷹《はげたか》がとまる時代。渦中に呑み込まれた俺たちは、未来を拓く道程でもがいていた。フォークソングのコンサートの会場で友達になった俺たちは、光を反射する黒曜石《こくようせき》の尖端《せんたん》にも似た鋭い

こころ❖がまえ

- 自殺の場合、死の理由を安易に特定することは避け、自分なりに思うところあれば、断定しない言い方や抽象的な言い方で伝える
- 感情のまま故人を悼《いた》む心を吐露する場合も、冷静さは忘れずに

❶強い口調で悲しみと怒りを表現しながらも、一人よがりの決めつけにならないよう、言葉遣いには注意を払う

❷「黄泉」＝死後に魂が行くとされる場所

人柄・思い出

活動をともに続けた。③焦燥と挫折を味わい、空しい結末の中で周囲に流されるまま就職をした。中途半端に髪を切り、体制側の人間となった。

④理想と現実の狭間《はざま》で、俺たちは学んだよな。十年前に会った辺見は、晴れやかな顔をしていた。五年前の辺見は、自信に満ちた顔で少し太っていた。俺たちにも地位ができ、大きな人脈の中でもまれて、ひと口には語れない苦労をした。一年前の辺見は、何かを確かめようともがいていたな。

遺族への配慮

奥さん、そしてお子さん方。⑤聡明で頭脳明晰《ずのうめいせき》な男がこんな結末を選択した、それを許してあげてください。心にガラスの光を宿した辺見は、彼なりの方法で、社会と自分の関わりにけじめをつけたのでしょう。その決意は尊重してやってください。

結び

時代の風に歯向かい正直に生きた男、辺見よ。俺はお前のことを忘れはしない。どうか、夜の暗闇の中にあって、ひと筋の光で俺たちの未来を照らす、道標《みちしるべ》となりたまえ。その⑥隘路《あいろ》にて俺は祈ろう。どうか安らかに眠りたまえ。

③赤裸々な表現で故人と歩んだ当時の思い出を語る。本当に親しい友人のみに許されることであり、自分と故人の関係をよく踏まえたうえで述べる

④こうした心安い言葉遣いも親友ゆえにふさわしい。その立場にない者が安易に用いる言葉ではないので要注意

⑤遺族へかける言葉は分をわきまえて。遺族の感情を刺激したり、いたずらに悲しみを深めるような内容・表現を慎む

⑥「隘路」＝狭く険しい道

後輩へ

故　人＝20代、男性。高校時代はサッカー部に所属。交通事故死
読み手＝20代、男性。サッカー部の先輩

呼びかけ　自分の心境　人柄・思い出

❶田中忠直君のご霊前に、牛原高校サッカー部OB会を代表して、謹んでお別れの言葉を捧げます。
田中君、僕にはこの現実がまだ信じられません。帰らぬ死出の旅に、こんなに早く君が逝《い》ってしまうなんて……。あまりにも早すぎます。

国立競技場の芝の上で、ボールを蹴ってみたい。それが君の夢でしたね。その夢に向かって、君は本当によく努力していました。二年生にしてレギュラーの座を勝ち取ったのも、天性の才能に加えて、君の人一倍の頑張りと、サッカーにかける情熱があればこそ。君は、県大会準々決勝での猫森高校との試合を覚えていますか。❷あの試合は、一点とって逃げ切るつもりが、終了五分前になって同点に追いつかれ、こちらが劣勢になってしまった。あきらめかけた僕らの気力をもう一度奮い立たせてくれたのが、

❶高校の先輩・後輩にしては文体は堅め。「田中忠直君、君にさよならを言わなくてはならない」などの呼びかけでも可

❷ほかの参列者にもわかるよう、サッカーの専門用語はなるべく使わずに状況説明する

こころ❖がまえ

●人柄や功績を讃《たた》えるのに、「すばらしい人物」「優秀なプレイヤー」などの形容より、具体的な思い出と、そのとき自分がどう思ったかを語ったほうが、ほかの参列者にも伝わりやすい

「もう一点とろう！」と果敢にゴールに向かっていく君の闘志でした。❸あのとき、僕の目には君の背中が、一〇番の背番号が、本当に大きく見えた。わが牛原高校の一〇番に、君ほどふさわしい者はいないと、そう思ったのです。

今後について

いま僕たちの胸は、君という友を失った悲しみに張り裂けんばかりです。しかし、❹いつまでも涙にくれているわけにはいきません。来週からは、高校サッカーの地区予選大会が始まります。そう、君も夢見ていた国立競技場での全国大会を目指し、僕らの後輩たちが練習に励んでいます。僕たちサッカー部OBも、練習指導や応援など、後輩たちを全力でサポートしていくつもりです。君がいれば、去年同様、真っ先に先頭に立って後輩たちを叱咤激励《しったげきれい》したでしょうね。今度は、はるか空から、僕らの果たすことができなかった夢を叶えようと頑張っている後輩たちを応援してやってください。

結び

さようなら、田中君。どうか、安らかに眠ってください。

❸抽象的な言い方ではあるが、かえってそのときの思いがストレートに伝わってくる

❹「故人を安心させる」ためにも、前に進もうという決意を示す。悲しんだままで弔辞を終わらせない

後輩へ

故　人＝40代男性、会社員。病死
読み手＝40代男性、大学の先輩。同じ寮の寮生としてともに過ごした仲

呼びかけ　自分の心境　人柄・思い出

平成〇年卒の山羊沼大学富士見寮生を代表して、謹んで❶古谷聡さんのご霊前にお別れの言葉を申し上げます。

古谷君、君がこんなに早く亡くなるとは……。私は同じ時代を寮で過ごした者として、悲しみを表す言葉をうまく見つけることができません。

君は同じ寮舎に寄宿する後輩でした。文字どおり、同じ釜の飯を食った仲。君は勉学とスポーツに燃えるたくましい青年で、いつも真っ黒に日焼けしていました。暑い日も、寒い日も、早朝のグラウンドには君の走る姿がありました。

❷寮生が代々、後輩に伝えていくことがあります。寮則では違反ですが、それが伝統になっていました。一つは夜間外出で、大学近くのお好み焼き屋。君はあの店が大好きで、夕食後に食堂から直行するのが

❶文中は基本的に「古谷君」で統一。後輩への愛情も感じられ、呼びかけとして適当。冒頭のみ、死者への敬意と弔辞としての格式を示す意味もあり、「さん」づけに

❷故人のエピソードは、多少羽目を外したものであっても、いまでは懐かしく、ほほえましく披露できるものならばOK。深刻な失敗や、犯罪に関することなどは、たとえ冗談にしても不適当

日課でした。もう一つは、下履きいらずで寮から校舎へ渡る場所。隣家の塀《へい》の上を通る、かなりきわどい場所です。以前「あれはずいぶん重宝した」と、君は懐かしがっていましたね。

　君が四回生のとき、寮をあげてリーグ戦の応援に行きました。あの頃、野球部は強かったので全学が期待しました。惜しくもリーグ優勝は逃したけれど、君の勇姿は学内中の誇りとなった。いま思い出しても、胸が熱くなってきます。

今後の決意

③現在の会社へ就職後は、重機の販売に尽力されました。努力を惜しまぬ働きぶりだったと聞いております。あの頃巣立った寮生は、君の背中から教訓を得た気持ちです。

遺族への配慮

　ご遺族の皆様には、④さぞお気を落とされていると存じます。どうぞお心を確かにお持ちください。微力ながらお力添えいたしますので、ともに、古谷君の勇姿を胸に生きてまいりましょう。

結び

　古谷君、君のご冥福を心からお祈りして、お別れの言葉とします。安らかにお眠りください。

③卒業後、別れたのちの姿も、知っていることがあれば加えておく。あまり詳しく知らないことは「努力を惜しまぬ働きぶり」など、一般的な表現に留めておく

こころ◆がまえ

- 後輩だからといって、ぞんざいな言葉遣いはしない。故人への十分な敬意を払う
- 年下の者が先に逝《い》ってしまった悲しみを前面に出し、先輩後輩時代の思い出を中心に語る

④悲しみの極みにある遺族への慰めはあまり凝らずに、型どおりの言葉のほうが失敗がない

親友へ

故　人＝50代男性。半年間の闘病後の病死
読み手＝50代男性。学生時代からの友人。夫婦同士でのつき合いも長い

呼びかけ

自分の心境

近藤耕夫君。こう呼んでも、君がもう答えてくれないことを僕は知っています。ですが、君がその年齢で旅立っていったことを、僕はこの場にいても、まだ信じられずにいるのです。

巌《いわお》のような体格の君が入院することを僕に話したのは、六ヵ月ほど前の、初夏の初めの頃でした。若い緑の服を着た山々が、まるで笑っているように見えた季節です。学生時代から里歩きが趣味の僕らは「とても楽しい季節が来たね」と、そう話していたときでした。❶君が照れくさそうに「入院する」といったので、僕はこれほどの病気だと察することができなかった。すまないことをしました。

お互いに妻を伴って、東海道や中山道《なかせんどう》、遠いところでは高野街道《こうやかいどう》や日向街道《ひゅうがかいどう》の宿場町を歩きました。子どもたちは大きくなって自分勝手に過ごしている

❶病気に気づかなかったことや見舞いに行けなかったことなど、後悔の気持ちは故人への愛情・哀惜の念につなげて語る。ただ過ちを悔やむのでは、愚痴になってしまう

こころ❖がまえ

●弔辞は「ですます」調の丁寧な言葉遣いが基本。ごく親しい友人でも、親しき仲にも礼儀あり。呼びかける言葉や親愛の表現などを除き、基本に従う。名前も基本は「さん・君」付けで

人柄・思い出

から、僕らは夫婦同士のつき合いでしたね。君にはそば打ちという趣味もあったから、そばの話もずいぶん聞いた。僕などは「うまいそばが素人にそうそう打てるものかな」と首をかしげていた。まあ実際のところ、❷君は手先が不器用だったようで、食べさせてもらったそばはまるでうどんのようだったよ。二人で大笑いをしたものでした。

遺族への配慮

奥さんの由紀子さんはこの半年間、❸ずいぶん苦労されたことと思います。耕夫君の病状が変化するたびに一喜一憂する毎日は、お辛かったことでしょう。ご看病の甲斐《かい》もなく、さぞご無念のことと存じます。お子さんの隆也君や路香さんも、よくお父さんを看病しました。子どもとしてとても立派でした。これからはお母さんをよく助けてあげてください。

結び

僕は君に会った最後の日の、君のとても男らしい顔がいまも忘れられません。でも、もうお別れをしなければなりませんね。本当に家族を愛していた君のこと。ご家族をいつも見守ってあげてください。君の魂が心安らかであらんことをお祈りします。

❷失敗談は少し明るい調子で（むろん祝辞のように華やかにではなく）。暗すぎる口調だと深刻な話題のように聞こえてしまう

❸遺族の心情にふれる際は、分をわきまえ、節度を守って簡潔に。「こうだったでしょう」「こんなお気持ちでしょう」と出しゃばって代弁するのではなく、あくまでねぎらいの言葉として話す

親友へ

故　人＝70代男性。本人も周囲もほとんど無自覚のまま急に倒れ、病死
読み手＝70代男性。子どもの頃からの親友

自分の心境

❶どうしてこんなことが起きるのか。私はいま、悲しみと憤りでいっぱいです。内田忠雄さん。あなたは一週間前までピンピンしていた。それがどうしてこのように……。訃報《ふほう》を聞いてからの私は、そういう思いから離れられないでいるのです。

そういえばあなたはときどき、頭が痛いといっておられた。偏頭痛《へんずつう》というのでしょうか。「うんと痛いのか」と尋ねる私に「それほどのことではない。少したてば何でもなくなる」と、痛みを打ち消すようにに手を振りました。その頭痛が悲しいことに、❷幽《ゆう》明境《めいきょう》を異《こと》にする予兆だったとは。

あなたと私は同じ故郷に育ち、小学校も同じでした。物資のない時代に育ったので、お互い、いつも腹を空かせていた。❸欠食児童の代表が私で、あなたはその次だった。芋ばかり食べていたので飽きてし

❶導入部に驚きと悲しみ、無念の思いなどを配するのは急死の場合に用いる一つのパターン。長患いのあとの死などではむろん使えないので注意

❷「死」という語をあからさまに口にしないための言い換え。ほかに、「不帰《ふき》の客となる」「鬼籍《きせき》に入る」など。「逝去《せいきょ》」「永眠」「急逝《きゅうせい》」「夭逝《ようせい》」（若くして亡くなること）などの語にも同様の役割がある

❸戦中戦後などの悲惨な状況を克明に語る場ではないので、あくまでも思い出話として、懐かしむような調子にまとめる

人柄・思い出

まい、鯉《こい》釣りに行ったけど、皆が釣ったあとだったな。それ以来、私たちの趣味は魚釣りになった。よくいっしょに、あちこち釣りに出かけました。

十五歳の夏に新橋まで出かけたとき、かけそばを食べながら「この不景気では就職するのも大変だなあ」と、二人で話したことがありました。この先、どうなっていくのかわからなかった。それでも、何とかやってこられた。お互いに……。

あなたも私も、ずっと同じ土地で暮らしてきたから、町ですれ違ったとき「あの腹空かしがまだ生きてるぜ」と、思い出話をしたものです。ついこの間のことでした。そんなあなたが逝《い》ってしまった。

遺族への配慮

奥方の照子さんは群馬から来た人で、忍耐強く、よくあなたを助けていた。照子さん、何と申し上げてよいか、お気持ちを思うと私には❹言葉が見つからない。けれども忠雄さんは、あなたなしにはいられなかった人です。家族をとても愛しておられた。

結び

忠雄さん。長い間の友情に感謝し、心よりご冥福を祈ります。少し早いが、安らかに眠ってくれ。

❹感情を表現するよい語句が見つからない場合に用いる言葉。また、明確な表現をあえて避けるため用いることもある。表現する語句があることはあるが、悲しみを助長したり遺族を傷つけるような状況などに

こころ❖がまえ

●悲しみの表現は人それぞれだが、より激しい表現がより深い感情を伝えるものだとは限らない。むしろ、淡々と思い出や心情を語るほうが、聞き手に訴えかける場合もある

親友へ

故　人＝30代男性。翌年に結婚を控えて突然の自殺
読み手＝30代男性。大学時代の友人

呼びかけ

結城俊男くん。私はいま、悪夢を見ているような気持ちです。夢ならば覚めてほしい。❶君がどうして何も言ってくれなかったのか、私には悔やまれてなりません。君は一人で旅立ってしまったのですね。

人柄・思い出

君とは大学時代、同じサークルに所属していました。テニスが好きで、本気でテニスをやりたい人のためのサークル。❷君と二人で始めたサークルです。夏は軽井沢へ合宿に行きましたね。その費用を稼ぐために、いっしょの店で毎年アルバイトをしました。

あるとき君が「世の中を泳ぎ切るための方法がわかったよ」と私に言ったことをいまさらながら思い出します。私は驚いて「どんな方法か教えてくれよ」と聞いたけど、君の返答は難解だった。ほかの友達と相談して、君を居酒屋に誘ったことを覚えています。君は私たちよりもずっと、人生について真剣に

❶故人の選択を責めるのではなく、自分の後悔としての言葉。口調も訴えるようにでなく、静かに淡々と。「なぜ自殺したのか」と責めるような内容、態度にならないよう配慮する

❷悲しい話や無念の思いばかりつづるのでなく、できれば楽しかった思い出も披露して、心あたたまる内容にしたい

自分の心境　遺族への配慮　結び

考えていたのですね。

大学を卒業し、私たちは就職してバラバラになりました。お母さんの話によると、帰郷した君は元気に働いていたそうですね。悩んでいたようすもなく、奥さんになる人も決まっていたと聞いています。❸君は、「世の中を泳ぎ切るための方法」を知っていたはずだよね。どうしてそれを、私が理解できるまで待ってくれなかったのでしょう。君が妻を持ったとき、私は、二人の仲睦《なかむつ》まじさに当てられに行くつもりでした。まだ独り身の私は、君より遅れた人生を歩いています。それでもいいかげんだから、こうして平気で生きている。君は「やさしい人」だから、きっと私より純粋すぎる人生を歩んだんだね。

俊男君のお父さん、お母さん。私のことを、友達《ともだち》甲斐《がい》がないと叱ってください。私はそれくらいしかお役に立てません。どうか早く悲しみを乗り越えてください。彼もそう望んでいると思います。

俊男君。今度生まれ変わっても、必ず私の友になってください。心よりご冥福を祈ります。

❸自殺の理由はあれこれ詮索したり、勝手な憶測を述べない。自分の考えを述べる場合も控えめに、不幸な結末を悲しむ言葉として述べる

こころ❖がまえ

- 自殺の場合は衝撃からより感情的な弔辞になりやすいが、自分を抑え、冷静に努める
- 周囲の人、とくに遺族のショックは自分以上であることを忘れず、適切な言葉を選ぶ

趣味の仲間へ

故　人＝60代女性。夫に先立たれ、数年間の闘病のあとの病死
読み手＝60代女性。趣味サークルの仲間

呼びかけ

生あるものは必ず滅するとはいえ、体の痛みは辛いこと。トシさん、あなたがよく頑張られたので、私はお見舞いのたびに涙ぐむ思いでした。❶棺《ひつぎ》の奥に眠るあなたの姿が安らかなのは、ホッと息をつく思いです。トシさん。やっと楽になれたのね。

人柄・思い出

もう二十年も前のことです。市民センターでの陶芸教室が、トシさんと私の出会いでした。❷何をやってもトロい私は、テキパキしたトシさんのお手並みに感心するばかり。初めて私が箸置《はしお》きを作ったときは、もうろくろを回してましたね。一事が万事、そういう方でした。女手一つで店を切り盛りしていたトシさんの作風はしっかりしている端正派、「典型的なA型だから」とご自分ではいっておいででした。私はざっくりとした歪み派でしたが、陶芸の先生が飄々《ひょうひょう》としていたので、それを笑っているうちに、人

❶死の状況によっては、それを悲嘆ばかりでなく「救い」という側面からとらえることもある。闘病の辛さ、故人の年齢などをよく考えて、ふさわしい表現を選択する

❷自分を謙遜《けんそん》することで相手を持ち上げる。死者への敬意からも一般的なパターンだが、あまりわざとらしくならないように自然体で

結び　闘病のようす

並みにできるようになりました。

トシさんはずいぶん長い間、お薬を飲んでおられましたね。肝臓がお悪いということで、食べ物も気をつけておいででした。

私が所用で電車を利用したときのこと、蝉丸町の駅で偶然いっしょになりました。「どこへいらしたの」と尋ねた私にトシさんは、「肝臓がんなのよ。大学病院に通ってるの」と……。それが三年前のことです。「放射線を使うと本当に苦しくて」と、疲れたごようすで、それでも笑ってらした。

人はなぜ病気になどなるのでしょう。トシさんが入院したとき、見舞った私は、そう思わずにはいられませんでした。❸大学病院の先生が「かなり痛いはずなのに、よく我慢しておいでだ」とおっしゃいました。きっとトシさんのことだから、辛いところを見せないようにしてらしたのね。
❹さようならトシさん、いずれまた。ずっと仲良くしてくださってありがとう。心からご冥福をお祈りします。どうぞ安らかに眠ってくださいね。

❸闘病のようすにふれる際は、必要以上に悲惨な印象にならないよう、なるべく淡々と語る

❹自分の死を暗示する言葉。友情の表現だが、「死」のイメージにつながるので、あまり強調せずさらりと口にするのがベター

こころ❖がまえ
●相手がそれなりの高齢であれば、やたらに驚きや悲しみを強調する割合より「必然の帰結」「神の元へ帰る」といった要素の割合が高くなる。むろん死が悲しみであり、死者を悼《いた》むことは基本

趣味の仲間へ

故　人＝70代男性。子や孫に囲まれての穏やかな病死
読み手＝80代男性。老人クラブの会長

呼びかけ

人柄・思い出

中村町老人クラブを代表し、謹んで古川敦夫さんのご霊前にお別れの言葉を申し上げます。

古川さん、❶あなたは、❷謹厳実直な方でした。思い起こせば十年前、❸あなたはお仕事を退職された二年後に、中村町老人クラブへ入会されました。私より五歳若く、その元気さで真面目に取り組んでくださった。行事には嫌な顔をせず、公会堂の集会にも毎回顔を出し、環境美化活動や地域工芸の伝承活動に骨を折ってくださった。ゲートボール大会の運営役になったときも、持ち前の勤勉さと実直さで貢献なされた。賞品の買い出しをおまかせしたり、スタッフたちもあなたを頼りにしていましたね。「あそこの町は花があって美しいから、うちもやろう」と、新たな議題も提案してくれました。

春の慰安旅行も率先して参加する方でした。熱海

❶一般的には「君」でもとくに失礼ではない。年下ながら尊敬している相手という気持ちも込め、尊称を用いている

❷故人の人柄を表すのに適当な熟語をいろいろ知っておくと、いざというとき便利。温厚篤実、冷静沈着、豪放磊落《ごうほうらいらく》など

❸全体を通じて、基本的には敬語表現を崩さない。年下だからといって軽んじるような言葉遣いはふさわしくない

や信州によく行きましたね。ちょっとお堅い性格で、羽目を外すときもおとなしかったあなたです。❹露天風呂で足を滑らしたとき、「堅いものはよく滑る」と茶化されて、笑って頭をかいておいででした。

何もかもが変わっていくこの時代、この町内でも子どもの数が減り、一人暮らしの高齢者が増えるなど、難しいことばかりが増えていきます。老人クラブのメンバーはあなたの噂をするのですよ。あなたが元気でおられたら、と。

感謝の言葉

あなたが提案したアイデアには、皆が感謝をしています。町のあちこちに花が植えられ、季節の花が咲き誇るようになりました。その花を見るために多くの人がやってきます。あなたは町を活性化するきっかけも作ったのです。一人で暮らす高齢者の家にも、家族が花見に来るようになりました。

結び

私より若いのに先に逝《い》かれるとは残念で、私たちはただ悲しみにうなだれるばかりです。ですが、いずれそちらにうかがいますから待っていてください。わずかの間のお別れです。さようなら。

❹真面目そのものという人柄のなかにも、愛すべき一面があることにふれるエピソード。より幅広く故人の人柄を伝えることができる

こころ❖がまえ

- サークルやクラブを代表しての弔辞は、個人的な思い出だけでなく皆との交流にもふれる
- 相手が年下とはいえ「早世」という年齢でもないので、バランスに配慮しつつその死を悼《いた》む

趣味の仲間へ

故　人＝60代男性。旅好きで健康そのものだったが不慮の事故による死
読み手＝60代男性。旅仲間

呼びかけ

❶このような席ですが、親友への哀悼《あいとう》にふさわしいふだんの言葉で弔辞を申し上げます。

ノマド伊藤、そう呼んでもいいだろうか。お前はいつも「遊牧民になりたかった」と、口癖のようにいっていた。❷いまはどのあたりを旅していることやら。もう、戻ってはこられないんだな。

人柄・思い出

覚えているか。俺たちが知り合ったのは、最果ての空の下だ。満天の星空のもとで、砂漠の寒さに凍えながら、ミルクティーをすすりあった。トカゲも食べた。中年になってから始めた、趣味の旅行だ。便利な国はたくさんあるのに、辺鄙《へんぴ》な場所を選んで歩いた。こんな過酷な旅をするのはお互いよっぽどの物好きだよと、アドレス交換をして、たまに国内で会ったけど、やはり旅先で偶然会うことのほうが多かったな。似たような場所が好きだった。

❶少々型破りな言葉遣いと内容なので、それなりの配慮が必要。聞き手にひとこと断る姿勢を見せれば、このような弔辞も不快には感じない

❷「帰らぬ旅に出た」という比喩《ひゆ》。全体として「旅」をテーマに語る。共通の趣味を軸にすることで友情とまとまりが感じられる構成になる

カトマンズで、ヒマラヤ山脈を眺めながらお前はいった。「家の庭の花は妻のものだが、世界は俺の花園だ」と。俺が答えた言葉も、なかなかのものだったろう。「旅をするほど、ふだんの生活が大切に思えるものだ」。お前は深くうなずいてくれた。

お前の離婚を聞いたのはパキスタンだった。羊飼いの家でホームステイをするお前に子どもが「日本人は役に立たない」といったので、おかしくて腹を抱えたよ。お前は羊飼いになっちまった。

自分の心境

本当はまだ、俺はお前が死んだことを、少しも信じられずにいる。中年も過ぎ去ろうとする歳なのに、お前は「馬鹿」がつくほど純真だから、俺は会うと気持ちがよくて、それで何年も友達でいた。まさか事故でお前が死ぬなんて思わなかった。お前は庭の柿を採ろうとして、枝を踏み折って落下したという。その訃報《ふほう》を知ったとき、俺はすぐに想像した。きっと少年ノマドになったつもりで、木の実を摘んでいたのだろう。

結び

また偶然に出くわそうよ。ご冥福を祈ります。

❸「馬鹿」など否定的なイメージの言葉は注意。ここでは純真さを強調する言葉であり、聞き手が違和感を持たないようその点をはっきりと。口調も明快に

❹最後だけは「です・ます」調にして、故人への敬意をきちんと表現する

こころ❖がまえ

●仰々しい敬語を乱用するより、ふだんの言葉遣いがふさわしい関係もある。故人や遺族に無礼にならない配慮したうえで、そうした内容や口調を選択するのも一つの方法といえる

幼なじみへ

故　人＝20代女性。突然の交通事故死
読み手＝20代女性。幼なじみ。現在もたまに会うなど親交があった

自分の心境

綾香ちゃん。もう名前を呼んでも、何も答えてくれないのですね。メールを出そうと思っても、電話をかけようとしても、もうあなたはどこにもいないのですね。❶このような事故で綾香ちゃんを失うとは、私は思ってもみませんでした。ずっとおつき合いしていけるものだと思っていました。綾香ちゃん、私は悲しくてしかたがありません。

同じ町内に生まれた同じ歳の綾香ちゃんと私は、子どもの頃からとても仲良しで、小学校までは同じところへ通いました。私が引っ越したので中学校は別になったけど、ずっと連絡を取り合って、たまに会うこともありました。絵を描くのが好きなあなたは、自分で描いた絵ハガキをよく送ってくれましたね。母も綾香ちゃんの絵ハガキのファンで、二人していつもハガキが届くのを楽しみにしていました。

こころ❖がまえ

- 若い人の死は辛いもの。弔辞ではその早世を悲しみつつも、遺族らの気持ちに配慮し、なるべくあたたかな内容にしたい
- 印象的なエピソードを選び、故人の人柄を懐かしむ

❶事故死では、死の状況にもよるが、死因にふれずにぼかす場合が少なくない。悲惨な描写で聞き手の気持ちを傷つけることのないように、また、遺族への配慮などによる

人柄・思い出

私の返事は字が下手だから、きっと困ったことでしょう。綾香ちゃんと仲よくつき合ってこられたことが、私のこれまでの人生を充実させてくれたと思っています。

今年、小学校の同窓会で、校庭に埋めたタイムカプセルを掘り出しましたね。❷卒業するときに六年生一同が作文と宝物を持ち寄って箱に入れ、校庭に埋めたもので、私たちの小学校でずっと続けられてきた、卒業の恒例のイベントです。私の宝物はおはじきと、雑誌から切り抜いたアイドルの写真でした。綾香ちゃんの宝物はおませなルーズソックスでしたね。袋代わりのソックスから家族の写真とオモチャのネックレス、そして私の写真が出てきました。

呼びかけ

❸ねえ、綾香ちゃん。私はあなたのいい友達だったかしら。あなたに迷惑ばかりかけて、面倒じゃなかったのかな。もっと聞きたいこと、話したいことがいっぱいあったのにと思うと、本当に残念です。

結び

綾香ちゃんのあたたかい笑顔が忘れられません。心からご冥福を祈ります。安らかに眠ってください。

❷仲がよいほど、第三者をないがしろにして内輪の話に終始してしまいがち。他者へのわかりやすい説明も適宜挟みながら話題を展開する

❸気持ちを込め、疑問形で呼びかける。いったん言葉を切ってから次の言葉に移るなど、情感のこもった口調がふさわしい。ただし、感情的になりすぎないよう注意する

近所の人へ

故人＝80代男性。病死
読み手＝80代男性。隣家に住み、親子2代にわたる近所づき合い

冒頭のあいさつ

❶隣家の友人としてひとことお別れを申し上げます。

自分の心境

大場耕作君。君が救急車で運ばれてから、何日たったのだろう。あの晩、突然隣家に停まった救急車を驚きと不安の気持ちで見送った私だが、君が帰らぬ人になるとは、少しも予想がつかなかった。私は元気な姿で戻ってきてくれると信じていたよ。

人柄・思い出

大場家は、先代からいまの土地に住んでおられた。うちがここに来た頃は、周りは畑ばかりで、隣といってもお互いの家しかなく、❷先代の源作さんにはとてもよく面倒を見ていただいた。それからのちは、隣家の縁と申すのか、二代にわたるおつき合いだ。

耕作君は私の二年後輩で、真面目な男だった。❸一《いち》途《ず》な面があり、学生時分にはずいぶん先生を困らせもした。親の代わりに私が何度も職員室へ彼を引き取りにいった。彼は戦時中、下駄《げた》をカラコロ鳴らし

❶知らない人も多い場なので、自分の立場や故人との関係を最初にはっきりさせておく

❷話の展開から親の話になっているが、必要以上に長くしないことが肝要。より親しかったのは親のほうだったとしても、弔辞は故人本人を悼《いた》むもの

❸先生を困らせたエピソードも、一途さゆえと納得できる。否定的なイメージのエピソードをフォローするのに必要な言葉

て、畑になった校庭を走り回って活躍したものだった。耕作君、君のおかげで皆に何とか行き渡るほどの芋を実らせることができた。敗戦で畑が「青空教室」に戻ったときはかえってがっかりしていたようだが、それは私も同じだったよ。

遺族への配慮

小柄なトシさんとの仲人をしたとき、耕作君は相撲取りのように太っていたから、「トシさんは苦労するな」と心配をしたものだ。糖尿病歴は三十年になるだろう。トシさんに勉強させて、お前はおんぶに抱っこだったな。長い間の節制も、これで無に帰してしまった。❹裕耕くんや初子さんのご心労も、いかばかりかとお察しする。トシさんは一人暮らしになるが、どうか気を落とさずに、ご自愛ください。

呼びかけ

耕作君、君が逝《い》ったら悲しくて涙が止まらない。私の心には穴が開いて、風が吹けばすぐに倒れてしまいそうだ。

結び

耕作君よ。私は先が短いのだから、あの世に行ったら先輩として面倒を見てくれよ。心からご冥福をお祈りします。安らかに眠ってください。

こころ❖がまえ

●弔辞は故人といかに親しかったかを競い合う場ではないので、分を守って節度ある言動を。お隣という関係は、親しいとはいえ、出しゃばりすぎると親族や職場仲間、友人らの反感を買う

❹家族ぐるみのつき合いであった立場を踏まえて、遺族への慰めのひとことも入れておく。差し出がましい感じにならないよう簡潔に

祖父へ

故　人＝70代男性、祖父。病死
読み手＝中学生男子。故人の初孫。離れて住んでおり、年に1、2回会う

呼びかけ　人柄・思い出

❶おじいちゃん。❷いままでどうもありがとう。
❸僕はおじいちゃんに会いに行くのが、毎年とても楽しみでした。僕とおじいちゃんが会うのは、毎年お正月に、僕と両親がおじいちゃんの家に行くとき。僕らは東京に住んでいるので、秋田のおじいちゃんとは、それくらいしか会えません。初めて、一人でおじいちゃんの家に遊びに行ったのは、小学五年生の夏休みでした。新幹線に乗るとき緊張したのを覚えています。
おじいちゃんからは、おもちゃやゲーム機のソフトなど、❹いろんなものをもらいました。なかには、もう遊ばなくなったものもあるけど、それは僕が大きくなったしるしですね。

おじいちゃんからもらったもののなかに、僕の宝物があります。僕も覚えていないくらい小さい頃、

❶ふだんどおりの呼び方にする
❷あとの文章の流れで、うまく感謝の言葉を入れられないときは、初めに述べておくのも一つの手
❸自分の呼び方は、ふだんは「俺」でも弔辞では「僕」にしたほうがよい
❹もらった「もの」自体ではなく、もらった「こと」が大事。どういうときに、どんな風にもらったかを思い出しながら書くこと

結び

おじいちゃんが帽子を買ってくれたことがありました。夏にかぶるパナマ帽で、おじいちゃんがかぶっているのを見て、僕が欲しいとダダをこねたのです。あとで送られてきたのが、箱に入った新品だったので、僕は母に「おじいちゃんがかぶっていたのがよかったのに」と言ったそうです。その帽子はいまでも大事にとってあります。おじいちゃんは、僕が何も知らないうちに、贈りものをくれたのです。

おじいちゃんからは、ほかにもたくさんのものをもらいました。夏休みに一人で遊びに行ったとき、❺毎日おばあちゃんといっしょに海へ行って泳ぎました。おばあちゃんが頭に手ぬぐいをかぶって、にこにこ僕を見ていてると、おじいちゃんはいつもあとからやってきて、キュウリやスイカをくれました。畑からとったばかりの、甘くておいしいスイカの味、絶対忘れません。

おじいちゃん。もう会うことができませんね。でもおじいちゃんとの思い出は、僕の一番大切な宝物です。天国から僕たちを見守っていてください。

❺この部分は、できれば祖母のほうを見て読む

こころ❖がまえ

- 慣用句や敬語にこだわらず、祖父との楽しかった思い出をベースに、シンプルに構成する
- キーワードを1つ決めて、それを中心にして書くとエピソードがうまくまとまる

祖母へ

故　人＝70代女性、祖母。病死
読み手＝20代女性。故人の孫でたった1人の身内。母の離婚を機に同居

呼びかけ

おフクばあちゃん。私はいまばあちゃんとの永遠の別れを前に、これまでばあちゃんといっしょに過ごした日々のことを思い起こしています。ばあちゃんは、❶憎らしかったけど、たった一人の肉親だったよ。ねえ、ばあちゃん。もう二度と会えないんだね。

人柄・思い出

私とばあちゃんがいっしょに住むようになったのは、母が離婚して帰郷したからでした。❷ばあちゃんはいつも機嫌が悪くて、母や私をよく叱った。何も悪いことをしていないのに、叱られるのは辛かったよ。母はしょっちゅう泣いていました。

中学生のときに母が亡くなって、ばあちゃんと二人暮らしになりました。私はその頃、ばあちゃんのせいで母が亡くなったのだと思っていました。怒ってばかりで怠け者のばあちゃんなんて、いなくなればいいと、心の底では思っていた。

❶「憎らしかった」よりも「たった一人の肉親」を強く言う

❷以降も、極力恨みがましい口調にならないように注意。冷静さが第一

就職して会社の寮に入ったとき、いい人たちばかりで、そこで暮らせるのがうれしかった。だからお盆もお正月も、ばあちゃんの家には帰らなかった。ほかの人が帰省しても私は一人残っていました。

結婚して松本に移ったあと、ばあちゃんは「体調が悪い」という手紙をくれましたね。でも私はそれを無視しました。家庭を壊されると思ったから。

自分の心境

③ばあちゃん、本当にごめんなさい。ばあちゃんのことを何も知らなくて。私は悪い孫でした。若い頃からばあちゃんは脊髄《せきずい》に腫瘍《しゅよう》があって、放射線を当てていたのね。それで毎日イライラしていたんだ。お医者さんに聞くまで知らなかった。
母がばあちゃんを頼ったように、ばあちゃんが私を頼ってきたとき、私は同居を許さなかった。今ではもう、取り返しがつきません。

今後について・結び

せめてこれからはいい子になって、幸福な家庭を築きます。ばあちゃんの分まで健康で、元気な子どもを育てますね。だから私たちを見守っていてください。心安らかに。ご冥福をお祈りします。

③この言葉の前に一拍おく。そのあと「ごめんなさい」の言葉に心からの反省を込める

こころ❖がまえ

- 本来なら、弔辞での恨みごとは避けるべき。どうしてもふれざるを得ないときは、恨んだことに対する「悔い」を前面に出す
- 内容が激しいので、淡々と読むよう心がける

叔父へ

故　人＝60代男性、叔父。病死
読み手＝20代男性、甥《おい》。グレかけたところを故人のおかげで更生

呼びかけ

人柄・思い出

❶飲んべえの尚志おじさん。悔しいです。ちょっとあの世へ逝《い》くのが早すぎるのではないですか。俺はずっとおじさんを見習っていきたいと思っていた。それなのに、もう遠くへ逝ってしまうんだ。

おじさんは、すねてどうしようもなかった俺を強引に店に住み込ませて、パン職人にしてくれた。長男の貴志さんと、朝早くから夜中まで、手取り足取り仕込んでくれた。❷あれがなければ、俺はいま頃、やる気をなくしたつまらない男になっていました。

　俺がおじさんの魂を見せてもらったのは、駅前に大きなショッピングセンターができたときです。商店街のどの店も売り上げが激減して、店を畳むかショッピングセンターを訴えるかと、組合も相談をはじめました。この店の売り上げも右肩下がりに落ち込んだから、経営は苦しかったはず。アルバイトに

❶親愛の情のこもった呼びかけ。これだけでも故人の人柄が、ほかの参列者に伝わるであろう

❷「ありがとう」の言葉はなくても、感謝の気持ちを十二分に込めて

こころ❖がまえ

- 型破りな弔辞だが、語り手の熱い思いを伝える
- 文章が「熱い」分、読むときはテクニックが必要。調子にのってメリハリをつけると、芝居がかりすぎてしまうので注意

は辞めてもらい、生活を切りつめましたね。

おじさんは「家族を守る」と言いました。❸いつもの「酔っぱらいの決意」かと思ったけど、おじさんの目にはギラギラ光るものがあった。それからが「だれよりもスゲエおじさん」の始まりだった。

店に並べる品数を、おじさんは減らさなかった。❹「これはショッピングセンターとのケンカだよ」と、一歩も引かない真剣勝負を見せてくれた。朝から晩まで三人でパンの味に工夫を凝らし、おじさんは、俺が音を上げても絶対にあきらめなかった。本当にうまい新製品を作り出したとき、お客さんもその味をわかってくれたね。

遺族への配慮

おばさんや貴志さん。長女の美幸さん。俺は、ショッピングセンターに勝ったことが、とても自信になりました。尚志おじさんは、俺の人生の師匠です。❺そんな人の家族だったことを、みんなも自分の誇りにしてください。

結び

俺はこれからもずっと、おじさんを見つめて生きていきます。安らかにお眠りください。

❸ユーモアをにじませた口ぶりで読み上げる

❹叔父の口調を心もち意識して読む。やりすぎてモノマネにならないように

❺上辺だけでない、リアルな言葉で遺族を力づける

伯母へ

故　人＝80代女性、伯母。病死ではあるが、米寿を超えての大往生
読み手＝50代女性、姪《めい》。故人の弟の娘

呼びかけ

おばさん、お疲れさま。おばさんが逝《い》ったのは悲しいことだけれど、私にはおばさんの❶大往生が、とてもめでたく思われます。おばさんは八十八年のいい人生を歩んでこられた。

人柄・思い出

　春秋に富んだ人生と申しますが、おばの小室ウマの人生はまことに恵まれたものでした。機屋《はたや》の長女に生まれたおばは、豊かな家庭で育てられます。何不自由ない暮らしが、どれほど幸せなものか。そのせいか、父は生前、姉にあたるおばの性格を「おっとりした人」と言っていました。

　私はおばのアルバムを見せてもらったことがあります。おばが十代の頃でしょうか。まだ機屋の景気がよかった時代。耳を隠したオールウェーブの髪型が似合う美人でした。あの時代の十代です。相当なハイカラ娘だったでしょう。写真を見ながらおばは

こころ❖がまえ

- 誕生から死まで時系列に沿って、伯母の88年の生涯を語っていく構成に
- 故人の人柄を、身内でしか語り得ない逸話を織りまぜて、飾らない言葉で紹介する

❶文例では「伯母・姪」の身内だからかまわないが、本来「大往生」という言葉は遺族側が使う言葉であることに注意

結び　遺族への配慮

「小町って言われてたの」と自慢しました。

おっとりしていたおばですが、宝飾店だった小室の家に嫁いだ頃は戦時中で、割烹着《かっぽうぎ》を着て髪を後ろに結い、こまごまと働きました。❷そのときもうけた二男一女が武生くん、史生くん、栄子さんです。
❸あれから、いろいろありましたね。
おばといっしょに写真を撮ったことがあります。おばがいまの家に引っ越した頃のことです。記念写真なのに、長嶋茂雄引退の記事が載った新聞を持って写っていました。おばは長嶋茂雄のファンでした。

おじが七十五歳で亡くなったあと、すでに子どもたちが巣立った家で、おばは気丈に一人暮らしを始めました。本当はおばはたくましい人でした。

武生くん、史生くん、栄子さん。おばは幸せだったと思います。最後は呆《ぼ》けてしまいましたが、人間とはそんなものです。

おばさん、もうこれでお別れですね。❹どうか慈しみ深い仏となって、霊山浄土から私たちをお守りください。心よりご冥福をお祈りします。

❷故人の子どもたちのほうを見ながら読む

❸悲喜こもごもあったとしても、弔辞の時間は限られている。ひと息入れたのち、さまざまな感慨を込め、しみじみとした口調で読む

❹仏式葬儀でのみ使える言葉。ほかの宗教・宗派では「どうぞ遠く空から私たちのことを見守ってください。安らかに眠られますよう」などに言い換える

いとこへ

故　人＝60代男性、いとこ。病死
読み手＝60代男性。子どもの頃、母方の実家に帰省したときによく遊んだ

呼びかけ

一時は小康を得ることができ、まもなく全快という朗報が聞けるものと考えておりました。先晴さん。あなたは帰らぬ人になったのですね。

人柄・思い出

飛嶋の家は母の実家で、先晴さんとは子どもの頃によく❶遊んでいただきました。毎年、お盆や正月に必ずおうかがいする。そのときの楽しみが、五歳年長の先晴さんにお会いすることでした。

❷橋寺のあたりがよい遊び場で、鶴石に登って遊んだのを覚えています。兵隊さんごっこなんていまの子どもは知りませんね。竹とんぼを作ったり、思い起こせば素朴《そぼく》な遊びばかりでした。

大人になってうかがうようになったのは、五十代も半ばをすぎてからです。それまでは、あなたも私も社会を生き抜く兵隊として忙しかった。親の存命中はお会いしていたけど、縁遠くなっていました。

こころ❖がまえ

- 子どもの頃以来、あまり会うことのなかったいとこ。当時の思い出話を中心に作成する
- 難病の場合、詳しい病状にはふれずに「回復を信じていた」方向で書く

❶それほど親しいつき合いでないうえ、故人が年上なら、口調はくだけすぎないように

❷地名や遊びの名前を出して、エピソードを具体的に

結び　遺族への配慮

六年前、息子の晃寛に長男が生まれたとき、息子夫婦と孫を連れて、ご報告にうかがいました。そのとき、あなたは「今年の夏は暑いから、ちょくちょく腹を冷やす」とおっしゃって、購入したての腹巻きを見せてくれました。その直後の入院と手術です。でも私は確信しておりましたよ。③兵隊ごっこの光晴上等兵は絶対に大丈夫だと。

県警の交通課に勤めておられた光晴さんは、柔道の猛者《もさ》で体重が百キロちかくありました。七年前の手術では快癒《かいゆ》して、職場に復帰なさいましたね。これでまた孫の顔を見てもらえると、私たちも喜びました。ところがここにきて二度目の入院。光晴さんの体重が半分近くになったのには驚きました。

日出子さん。光哉くん、敏晴くん。④ご看病の甲斐《かい》なく、まことに残念なことになりました。お心を確かに持って、光晴さんの霊を安らかならしめるようにご奮起ください。

光晴さん。これまで親しくしていただいて、ありがとうございました。⑤ご冥福をお祈りします。

③昔の遊びをキーワードに、のちの話題にからめていく

④長期療養の場合、遺族は看護で何かとたいへんだったはず。ねぎらいの言葉を忘れずに

⑤「冥福」は仏教用語。ほかの宗教による葬儀では「安らかにお休みください」などに

弔電利用ガイド

参列できないときは弔電を

訃報《ふほう》を受けても、日程的に折り合いがつかなかったり、遠隔地であったりして、どうしても葬儀・告別式に参列できないことがあります。その場合は弔電を打ちます。

文面は、弔辞と同様に、故人を惜しむ言葉、遺族への配慮などで構成します。忌み言葉や宗教・宗派によって使えない言葉（202ページ参照）にも気をつけましょう。

オリジナルの文面を作るのが難しいときは、NTTの文例を利用する方法もあります。文例は電話帳（ハローページ）やNTTのホームページに掲載されています。ただ便利とはいえ、お悔やみの気持ちを表すのに、文例をそのまま使ったのでは安直。せめて自分なりの一文を添えたり、言葉を変えたりと、手を加えるのが、故人への礼儀であり、遺族に対する思いやりでしょう。

168、169ページに、メッセージの例をあげてありますので、参考にしてみてください。

出す前に確認しておきたいこと

弔電は喪主宛に出すのがふつうですが、喪主の名前・文字や故人との続柄、届け先の住所などを間違えてしまっては、弔意もだいなしです。そんなことのないように、次ページの表を参考に、事前に十分に確認しておきましょう。とくに届け先には注意。喪主や故人の自宅にすると、葬儀を自宅以外の場所で執り行う場合、留守宅に届いてしまうこともあります。葬儀会場の住所を調べ、確実に届くよう手配しましょう。

また、喪家では多くの弔電を受け取りますから、

●弔電を出す前に　事前確認事項チェック表●

・故人の名前に間違いはないか
・故人の会社名・役職名に間違いはないか
・喪主の名前に間違いはないか
　→どうしてもわからない場合は「〇〇（故人名）ご遺族様」でも届くが、喪主宛に出すのが礼儀
・故人と喪主との関係、続柄
・葬儀会場（弔電の届け先となる）はどこか、その住所
　→斎場で行われる場合は「〇〇斎場気付〇〇（喪主名）様」で
・葬儀の日時と、電報の配達日（葬儀前日には届くよう手配を）
・メッセージ内容に不備はないか（忌み言葉、敬語の間違いなど）
・自分の氏名（フルネーム）、住所、電話番号、会社名・役職名は入れたか

どこのだれから届いたものかわかるよう、差出人氏名はフルネームにし、住所、電話番号を入れること（料金はメッセージ本文の文字数に加算）。仕事上のつき合いならば、会社名・役職名も忘れずに。

弔電の申し込み方

申し込みは、ＮＴＴの一一五番へ電話を。受け付けは午前八時〜午後七時。また、インターネット、ｉモードなら二十四時間受け付けしています（170ページ参照）。午後七時までに申し込めば、その日のうちに配達してくれます。遺族は、葬儀の前に、朗読される弔電を選ばなくてはならないので、できれば前日までに先方に届くように手配を。

料金は、メッセージの文字数プラス台紙代。メッセージは二十五文字まで七〇〇円（漢字電報の場合。インターネット、ｉモードは四〇円引き）、以後五文字ごとに九〇円が加算されます。台紙は無料〜、押し花入りや刺繍《ししゅう》入りのもの（二〜三〇〇〇円）など、デザインによって料金が異なりますので、詳しくはＮＴＴに問い合わせを。

弔電に使える慣用句

取引先社長へ

○○様ご逝去《せいきょ》に際し、謹んで追悼《ついとう》の意を表します。あまりに突然のことに、ご遺族、社員の皆様のご心中をお察しいたしますと、申し上げるべき言葉も見つかりません。心からお悔やみ申し上げ、○○様より賜った恩義に報いるためにも、弊社社員一同、今後とも努力《どりょく》邁進《まいしん》してまいることをお誓いいたします。（139文字）

取引先社長へ

○○社長ご逝去の報に、胸ふさがる思いでございます。社員の皆様のご落胆いかばかりかと存じますが、一丸となって社業を盛り立てることこそ、社長のご遺志でしょう。弊社もおよばずながら力を尽くす所存でございます。ご冥福をお祈り申し上げます。（115文字）

上司へ

○○部長の突然のご逝去の報に際し、痛恨の念に堪えません。ご遺族の皆様はさぞお力落としのことと存じますが、お気をしっかりお持ちくださいますよう。心よりお悔やみ申し上げます。（85文字）

● クライアントが事故や急性の病で亡くなった場合。先方の社員のみならず、遺族を気遣うひとことを入れること

● 「冥福」は仏教用語なので注意。仏教以外の宗教・宗派は「安らかにお眠りください」などに言い換える

● 出張などで上司の葬儀に参列できないときは、取り急ぎ弔電を打ち、後日あらためて弔問にうかがうようにする

恩師へ

○○先生、こうして突然ご逝去のお知らせを受けて、たいへんに驚いております。まだ教えていただきたいことがたくさんありましたのにと思うと、本当に残念でなりません。どうぞ安らかにお眠りください。

(94文字)

友人の父へ

お父上様のご訃報《ふほう》に心を痛めております。残されたご家族の皆様方におかれましては、さぞかしお力落としのことでございましょう。どうぞご自愛いただき、一日も早く悲しみから立ち直られますようお祈り申し上げます。

(100文字)

友人の夫へ

突然のお知らせにただ驚くばかりです。どんな言葉もあなたの悲しみの前には力を失ってしまうことでしょうが、気を強くもって、一日も早く元気なあなたに戻ってください。ご主人様の安らかな眠りをお祈りいたします。

(100文字)

友人へ

○○さん、帰らぬ旅路へ立つにはあまりにも早すぎます。驚きと悲しみのあまり、何も手につきません。まして、ご遺族のご無念さを思いますと、お慰めする言葉もありません。今はただ、あなたが安らかに眠られますよう祈っております。

(108文字)

- 「もっと指導を受けたかった」という無念さを中心に
- 友人の父親が亡くなった場合、故人とは直接つき合いがなくても弔電を出すのが礼儀であり、友人への思いやりである
- 率直な励ましの言葉を述べたい。後日の弔問にもうかがえない場合、弔電のほかに、心のこもったお悔やみの手紙を書くとよい
- 弔電を受け取るのは遺族であって、友人ではない。「なんで死んでしまったのか」など、責める言葉はなるべく避ける

●NTTのおもな弔電文例●

7506	ご生前のご厚情に深く感謝するとともに、故人のご功績を偲《しの》び、謹んで哀悼《あいとう》の意を表します。
7509	ご逝去《せいきょ》の知らせを受け、ただただ、驚いております。ご生前のお姿を偲び、心よりご冥福をお祈りいたします。
7510	いつまでも、いつまでもお元気で長生きしてくださるものと思っておりました。在りし日のお姿を偲び、心からご冥福をお祈りいたします。
7513	○○○様のご逝去を悼《いた》み、謹んでお悔やみ申し上げますとともに、心からご冥福をお祈りいたします。
7517	○○様のご逝去を知り、驚愕《きょうがく》いたしております。いたってご壮健と伺っておりましただけに、申しあげる言葉もございません。皆様のご落胆もいかばかりかと存じますが、どうぞご自愛くださいませ。ご冥福をお祈りいたします。
7522	ご尊父様《そんぶさま》のご逝去の報に接し、謹んでお悔やみ申し上げますとともに、心からご冥福をお祈りいたします。
7607	突然の悲報に接し、驚いております。残されたご家族の皆様のご心情をお察しし、すぐにもお慰めに飛んでまいりたい気持ちですが、遥かな地よりご冥福をお祈りいたします。
7623	社長様のご訃報《ふほう》に、当社社員一同、謹んで哀悼の意を表します。ご遺族の皆様ならびに社員ご一同様に、心からお悔やみ申しあげます。

●弔電の申し込み●

電話	115（無料。午前8時〜午後7時）
FAX	0120-433-115 ※事前に会員登録が必要
インターネット （24時間）	NTT東日本　http://www.ntt-east.co.jp/dmail/ NTT西日本　http://www.ntt-west.co.jp/dmail/
iモード （24時間）	NTT東日本　http://www.ntt-east.co.jp/dmail/i/ NTT西日本　http://www.ntt-west.co.jp/dmail/i/

遺族の
あいさつ実例

[遺族のあいさつ心がまえ]

[葬儀のあいさつ・喪主]
[葬儀のあいさつ・親族代表]
[葬儀のあいさつ・親族以外]
[葬儀のあいさつ・無宗教葬儀]
[出棺のあいさつ]
[精進落としのあいさつ]
[精進落とし後のあいさつ]

遺族のあいさつ心がまえ

喪主など喪家代表があいさつする

【喪家側であいさつする人】

◆一般の葬儀…喪主など遺族代表、世話役代表
◆社葬………葬儀委員長（12、46ページ参照）

一般の葬儀で遺族側があいさつする場合は、喪主や親族代表、世話役代表などがその役目にあたります。喪主か親族代表が一人だけあいさつする例や、通夜ぶるまいの前後に喪主と世話役代表がそれぞれあいさつする例などがあります。また、あいさつは基本的に喪主の役目ですが、気持ちの乱れなどから親族代表がこれに代わる例も見られます。

社葬や団体葬の場合は、葬儀委員長が喪家側の代表者であり、あいさつの役を務めます。あくまで会社や団体など組織としての追悼《ついとう》の会ですから、その席で遺族があいさつすることは普通はありません。

通夜ぶるまいの前後や出棺前に行う

【喪家側があいさつするとき】

◆通夜………通夜ぶるまいの前後
◆告別式……告別式の前、出棺時、精進落とし前後
◆社葬………式次第の最初か最後のほう

喪家側のあいさつをいつ行うかは、式のやり方にもよるので、世話役や葬儀社との打ち合わせ、葬儀委員会での取り決めに従います。

通夜でのあいさつは一般に、焼香のあと、通夜ぶるまいの前に遺族代表が行い、さらに、通夜ぶるまいのあと世話役がお開きのあいさつをする例もあります。

告別式の場合、本来は葬儀と告別式は別物で、葬儀のあと（告別式の前）と告別式のあとにそれぞれあいさつするものでした。現代はその区別を厳密に

しない例が多いので、告別式のあと出棺時に遺族代表あいさつがあるのが一般的になっています。

なお、精進落としの席では、宴の前に遺族代表が簡単に謝辞を述べるスタイルが一般的です。

社葬でのあいさつは式次第によって異なりますが、普通は式の最初か最後のほうに行います。

あいさつの内容と構成

遺族代表や葬儀委員長のあいさつは、葬儀の代表者として行うものですから、悲しみのなかでも冷静に務めを果たさねばなりません。そのためにも次のような一般的な型に従い、できれば草稿を作成し、メモを用意して望むことが理想です。

●あいさつの構成●

1. 会葬者への謝辞
▼
2. 死去の報告
▼
3. 故人の人柄・思い出
▼
4. 故人が生前お世話になったことへのお礼
▼
5. 残された者の心境・決意
▼
6. 今後のつき合いや支援のお願い
▼
7. 感謝の言葉、案内

【内容と構成】

●会葬者への謝辞

弔問に来てくれたことへのお礼。

●死去の報告

日時、場所、享年、死因、最期のようすなど。老衰死や普通の病死以外では状況に応じて省略も。

●故人の人柄・思い出

故人を偲《しの》ぶため、ときには具体的なエピソードも交えて。ただし、悲しみが増すばかりの思い出を無理に語る必要はありません。社葬の場合は、ここで故人の経歴や業績を伝えます。

●故人が生前お世話になったことへのお礼

●残された者の心境・決意

とくに社葬の場合、「悲しみを胸にさらなる社業拡大に向けて」のように。

●今後のつき合いや支援のお願い

●感謝の言葉、案内

あらためて感謝を述べて結びます。通夜の場合、通夜ぶるまいの案内や告別式の日時場所の案内などをここでひとこと言い添えることがあります。

葬儀のあいさつ
喪主
故人（70代男性、病死）の妻として

会葬への礼
思い出
厚誼への礼
自分の心境
結び

本日は、お忙しいところを、夫靖秀のためにご会葬賜り、ありがとうございます。

私どもが連れ添いまして、五十二年になります。❶振り返れば長い歳月のようでございますが、あっという間に過ぎ去った、夢の日々でございました。おかげさまで一男二女にも恵まれて皆、成人し、長男、長女が結婚をして、孫も三人生まれました。

これも、お集まりの皆様に支えられてのこと、心より御礼申し上げます。

夫は若い頃から旅行の好きな人でした。仕事が大変で家計も大変、そんなときほど家族を連れて旅行をしたがる困った人。それも今は思い出です。❷私は家族の笑顔を絶やさない、あの人を好きでした。

皆様、ありがとうございました。

こころ❖がまえ

●長々と語る場ではなく、話し手当人もそんな気分ではないはず。手短かにまとめることが第一。尽きない思い出も簡潔に

❶思い出は語ろうと思えばいくらでも長くなるが、このような言い方でなるべく簡潔に

❷飾らない表現で故人への思いを語る

葬儀のあいさつ
喪主
故人（30代男性、交通事故死）の妻として

冒頭のあいさつ

ひとことごあいさつを申し上げます。

思い出

敏志の死は、あまりに突然のことでした。夜勤明けなのに❶買い物へ行ってくれ、その途中で交通事故に遭い、帰らぬ人となったのです。敏志は育児で大変な私を気遣い、自分も子どもの泣き声で眠れなくて大変なのに、自分のことはそっちのけで私の体を心配してくれたやさしい人です。とても真面目で、❷皆様からのご配慮も賜り、私たちは幸せでした。

自分の心境・支援のお願い

おじいちゃん、おばあちゃん、せっかく孫が生まれたのにごめんなさい。心から喜んでくださったのに、敏志がこんなことになってしまいました。私はこの先、どうすればいいのですか。

どうか、皆様のお支えをお願いいたします。

結び

本日はありがとうございました。

❶差し支えのない範囲で死因や死亡状況にふれておく

❷生前の厚誼《こうぎ》（親しいつき合い）への感謝は大事な要素。ひとことでもよいので入れておく

こころ❖がまえ

●急な事故死の場合、会葬者の多くが死因や状況を気にしているはず。話してもかまわない範囲でひとこと説明しておく

葬儀のあいさつ

喪主

故人（70代女性、病死）の夫として

会葬への礼

お集まりの皆様に、ひとことごあいさつを申し上げます。本日はご多忙のところ、❶遠方にもかかわらずご会葬いただき、厚く御礼申し上げます。

思い出・厚誼への礼

幸代とは四十年の間、人生をともに暮らしてまいりました。幸代と知り合ったのは、私がまだ奉公をしていた頃のことです。髪を長く編んだ、頬の赤い、健康そうな娘でした。結婚して店を開業し、これまでやってまいりました。幸代には苦労をかけましたが、礼を言えないままに、永遠の別れとなってしまいました。いまは店を息子に譲って隠居し、孫と遊ぶ身分となりましたが、これも皆様のお引き立てのおかげ、感謝の限りでございます。

結び

幸代にはいずれ礼を伝えることになるでしょう。皆様には今後もご支援のほどお願い申し上げます。

❶交通の不便な場所ではこのようにいう。同様に、雨の場合は「足下のお悪いなか」など。悲しみのなかにも会葬者への気遣いや礼儀を忘れないことが喪主としての務め

こころ❖がまえ

●乱れる気持ちを抑え、喪主として、会葬に来てくれたお礼、厚誼《こうぎ》への感謝、今後の支援の願いなどの要素は忘れずに

葬儀のあいさつ 喪主

故人（40代女性、遭難死）の夫として

会葬への礼

本日は雨天にもかかわらず、妻友美のためにご会葬賜り、ありがとうございました。

死去の報告・自分の心境

妻は先日、八ヶ岳へ登り、遭難いたしました。その日は雲行きが悪かったそうでございます。素人登山の浅はかさで、山頂まで少しのところで雨に遭い、❶体を冷やして危篤となってしまいました。救助隊員のおカで麓《ふもと》の病院へ運ばれましたが、帰らぬ旅となりました。二十二年間連れ添った妻でした。

中年を過ぎてから健康のために山歩きをするようになり、登山を趣味とした妻のことですから、百名山を登り切るまで頑張ってほしかった。

厚誼への礼・結び

❷生前、妻に寄せられた皆様のご厚情に対し、心からの感謝を申し上げます。

どうもありがとうございました。

❶死亡の状況は簡潔に、初めて聞く人にもわかりやすく伝える。また、悲惨さを強調せずに淡々と語るべき

❷故人に代わり、お世話になった人へお礼をいう

こころ❖がまえ

●凝った内容を考える必要はなく、感情的にならないように気をつけながら、思いを素直につづる。感謝の要素は忘れずに

葬儀のあいさつ
喪主
故人（70代男性、病死）の長男として

会葬への礼

小林家を代表いたしまして、ひとことお礼の言葉を述べさせていただきます。

このたび父孝寿の死去にあたりましては、❶早々にご弔問を賜り、また本日はご多忙中にもかかわらず葬儀にご列席いただきまして、まことにありがとうございました。その上お花、お供物《くもつ》などをいただいたこと、厚く御礼申し上げます。

厚誼への礼

達者な人でありました。生前、父に寄せられました皆様のご厚誼《こうぎ》に、心よりお礼を申し上げます。

支援のお願い

私ども、まだ未熟者ではありますが、父の教えを守り、精進していく所存です。皆様方には❷故人と同様おつき合いをいただき、ご指導いただけますことをお願い申し上げます。

結び

本日はありがとうございました。

こころ❖がまえ

- 遺族の代表であることを自覚し、品格あるあいさつを
- 会葬者は親と同年代の人が多いので、目上への礼儀も踏まえて

❶通夜でのあいさつも兼ねたお礼の言葉

❷今後の支援を願う言葉。目下としての立場から「指導を願う」の形に

葬儀のあいさつ 喪主

故人（80代女性、病死）の長男として

会葬への礼

本日は、母トクの葬儀にご参列を賜り、ありがとうございました。

医療・看護への礼

母は長い間、入院生活を送っておりましたが、先生方のあたたかいご配慮で、❶最後は自宅で過ごすことができました。狭い家ではございますが、家族団らんのときを過ごせたことは、何よりの情けでございました。

厚誼への礼・自分の心境

母が存命中に賜りました皆様方のご厚情に感謝いたします。母はそのたび勇気を奮い起こし、頑張りましたが、最後は自分が育てた大好きな庭の自然に溶け込むように、安らかに眠りました。

母は生前、❷父とはいささか苦労をいたしましたが、ひ孫を愛《め》でることのできた、幸福な一生でした。

結び

皆様、本日はありがとうございました。

❶闘病の辛さはともかく、最後は穏やかであったと伝えることで、聞き手の気持ちも少しは救われる

❷マイナスイメージの話題は省くか、軽くふれる程度にしておく

こころ❖がまえ

●ある程度、死が予期できた状況では、必要以上の悲嘆ぶりより、思い出や死の前のようすなどをしみじみと語る調子がふさわしい

葬儀のあいさつ
喪主
故人（50代女性、交通事故死）の長女として

会葬への礼

厳寒の中、❶突然のことにもかかわらず、母詩子のためにご会葬を賜り、ありがとうございます。

死去の報告

母は去る一月十八日、中町のスーパーへ買い物に行く途中、野上の交差点で事故に遭い帰らぬ人となりました。救急隊員の方や市立病院の先生方も手を尽くしてくださいましたが、無念なことでございます。享年五十七歳でございました。

自分の心境・厚誼への礼

❷突然の訃報《ふほう》に驚かれた方も多いと思います。一人暮らしの母を心配しないではありませんでしたが、いたしかたなく、かわいそうな目に遭わせてしまいました。これまでの人生で、これほど命の重さを感じたことはありません。

生前、母へ賜りましたご厚志ありがたく存じます。

結び

本日はまことにありがとうございました。

こころ❖がまえ

- 急な事故死でショックはあるが、喪主としての務めを果たす
- 会葬者も急なことで動揺している。それへの配慮を忘れずに

❶急死の報を受け、それぞれ所用もあるなかで駆けつけてくれたことへのお礼は必須

❷こうした言葉は言い訳に聞こえやすいので、あくまでも悲しみの言葉として感情を込めて

葬儀のあいさつ 喪主

故人（80代男性、病死）の娘婿として

会葬への礼

本日はお忙しいところを、義父治雄の葬儀にご会葬くださいまして、まことにありがとうございます。❶義父はカラオケ好きの、明るい人でございました。このように大勢の方々にお見送りいただき、さぞかし喜んでいることと存じます。

故人への感謝・厚誼への礼

私はこの家の婿となり、はや二十七年余の年月を、同じ家で過ごしてまいりました。少し頑固なところのある義父でありましたが、❷そのあたたかい人柄と、皆様方のご厚情で、これまでやってこれました。深く感謝しております。義父は陰に日向に私を気遣ってくれ、ときには男同士、妻たちに対する砦《とりで》となってくれました。私たちも、そんな情けの心を受け継ぐ家族でありたいと思います。

結び

本日はありがとうございました。

こころ❖がまえ

- 故人には丁寧語、会葬者には尊敬・謙譲語を用いる
- 会葬者への感謝、故人への感謝をともに織り込む

❶故人は身内なので尊敬語や謙譲語は基本的に用いない（「……明るい人でいらっしゃいました」とはしない）。会葬者には「いただき」と尊敬語を

❷故人へ感謝する言葉のなかにも、会葬者へのお礼を織り込む

葬儀のあいさつ
喪主
故人（80代女性、病死）の娘婿として

会葬への礼

ひとことごあいさつを申し上げます。

本日は、故上原マツの葬儀にあたり、ご多用中にご参列いただき、まことにありがとうございました。

思い出

❶私の義母、上原マツは、昭和〇年に高崎で生まれ、昭和〇年に夫哲治郎と上京して、両国に一膳飯屋《いちぜんめしや》を開業いたしました。病弱の夫を早くに亡くした義母は、女手一つで三人の子を育てた苦労を感じさせない、明るいさばけた人でありました。空襲で一子を失いましたが、いまでは五人の孫と二人のひ孫に慕われての暮らしです。

厚誼への礼

その義母の、❷満八十八歳の大往生でありました。

これもひとえに、故人が生前中に皆様よりいただいたご厚情の賜物と、厚く御礼申し上げます。

結び

本日はご会葬、まことにありがとうございました。

こころ❖がまえ

- 同居していないなど故人との交わりがさほど深くない場合、妻などから情報を得ておく
- 生年や享年の確認も怠りなく

❶故人と情緒的な交わりが少なかった場合は、その生涯を年譜風に簡潔にまとめるのも一つの方法

❷生を全うした幸福も、会葬者へのお礼に結びつけて語る

葬儀のあいさつ 喪主

故人（幼年男児、病死）の父として

冒頭のあいさつ

遺族を代表し、ひとことごあいさつ申し上げます。

思い出

長男哲久は不幸な子でありました。❶生来の心臓病を抱え、短く過酷な人生を歩みました。生後すぐに受けた手術や、入退院をくり返す日々の辛さ。哲久は「遊んでもいい」と聞いてから遊ぶ子に育ちました。自分の肉体の弱さを承知しておりました。

哲久を病院へ送った最後の日、車の中で彼は小さく「ありがとう」と言いました。おとうさんおかあさん、ありがとう。おじいちゃんおばあちゃん、おじちゃんおばちゃん、ありがとう。だれも教えていないのに、哲久はそう言って入院しました。

厚誼への礼・結び

哲久によくしてくださった皆様、いままで本当にありがとうございました。❷いまだに取り乱し、粗辞ではございますが、お礼の言葉といたします。

❶率直な思いを、感情に流されすぎないよう注意しながら、淡々と語る

❷悲しみのあまり言葉が乱れた場合は、できればこのようなお詫《わ》びのひとことも

こころ❖がまえ

- 辛い立場だが、喪主としての自覚を踏まえ、最後まで冷静に
- あれこれ考えず、故人への愛情と会葬者への感謝を中心に語る

葬儀のあいさつ 喪主

故人（10代女子、自殺）の父として

冒頭のあいさつ　自分の心境　思い出　厚誼への礼・結び

藤倉家を代表してごあいさつを申し上げます。

恵代は動物好きの、やさしい子でございました。❶恵代がもらい育てた愛犬で、タケロウという柴犬がおります。狭い自宅の庭で、まるで弟のように、子犬の頃から大切に育てておりました。いまはそのタケロウも家族同様、不意に恵代を失って、悲しくうなだれている次第です。

先日、恵代に「調子はどうか」と尋ねたとき、あの子は「元気すぎて困っちゃう」と、タケロウのことを答えました。自分の苦しみと闘いながら、他者への愛情を忘れない子。獣医になるという夢に向かい、不器用に歩んでおりました。

❷本日はご会葬くださり、まことにありがとうございます。お友達や先生方、ありがとうございました。

こころ❖がまえ

- 自殺の場合、死因や死の状況に無理にふれなくてもよい
- 原因となった人物や背景を責める言葉・態度は慎む

❶愛犬を話題にすることが緩衝剤となり、悲しみに流されすぎるのを避ける方便にもなる

❷無念の思いはあっても、あくまでも感謝の気持ちを忘れないことが喪主としての務め

葬儀のあいさつ 喪主

故人（20代男性、交通事故死）の母として

会葬への礼

皆様、本日はお忙しいなか、息子繁雄の葬儀にご参列を賜り、ありがとうございます。

思い出・心境

私どもが二人で暮らすようになって、十五年でございます。母一人子一人、あの子には寂しい思いをさせました。母親らしいことは何一つしてあげられなかった、それが心残りでなりません。

繁雄が乗っていたオートバイは、あの子が学生時代に自分でバイト代を貯めて買ったものでした。繁雄の顔が、いまも目の前にちらつきます。❶愚かな母は、この先一人でどうしたらよいのかわかりません。せめて天上から母を支えてください。

厚誼への礼・結び

❷会社の方にはよくしていただきました。社長のご恩には息子に代わり、心から感謝いたします。

本日はまことにありがとうございました。

❶悲しみの言葉だが、口調や態度はしっかりと。でないと会葬者を極端に心配させてしまう

❷葬儀の世話役となってくれた会社関係者へ感謝を伝えるのを忘れずに

こころ❖がまえ

●息子への愛情から感情的になる可能性も。あいさつできそうになければ親族らに譲る。やるのであれば、冷静であるよう努める

葬儀のあいさつ 親族代表

故人（30代男性、病死）の兄。喪主である故人の父に代わって

冒頭のあいさつ

高齢の父に代わり、遺族を代表して、ひとことお礼の言葉を申し述べさせていただきます。

思い出

❶秋伸は私と六歳違いの弟であります。子どもの頃から元気がよく、スポーツマンで、社会人になってからは夏はサーフィン冬はスキーと、暇を作っては競技に出場しておりました。それが半年前、「鬼の霍乱《かくらん》だ」と称して入院、そのままになりました。

三十歳を過ぎたとき「お前もそろそろ身を固めろよ」と話したら、意中の人がいるようでした。その恋も秘かな思いのままに終わり、残念です。

会葬への礼・結び

本日はこのように盛大なお見送りをいただきまして、秋伸も喜んでいると存じます。❷今後とも私ども遺族へ同様のご厚情を賜りますようお願いして、粗略ではございますがお礼のあいさつといたします。

こころ❖がまえ

●あいさつは本来、配偶者（いなければ子、子もいなければ親）の役目。その代理を務める場合は、故人との関係を初めに述べる

❶自己紹介を兼ねて、故人あるいは喪主との関係を明確にしておく

❷遺族代表という立場を踏まえ、兄としてと同時に喪主代理としての言葉を忘れずに

葬儀のあいさつ 親族代表

故人（70代男性、病死）の娘婿。喪主である故人の妻に代わって

会葬への礼

　本日は義父竹田勘一の葬儀に際しご尽力を賜り、まことにありがとうございました。❶喪主である義母は体調がすぐれず、私が代わってごあいさつ申し上げます。皆様のご助力なしには無事に葬儀を執り行うことはかないませんでした。深く感謝いたします。

厚誼への礼

　義父は昨日未明、鵠沢市立病院にて親族が見守るなか、七十二年の生涯を閉じました。最後は病の床に伏せることとなりましたが、❷妻トシと二女を育て、定年後は短歌を楽しむ幸福な一生でした。これも故人が生前、皆様から賜りましたご厚誼《こうぎ》によるものと、厚く御礼申し上げます。

結び

　式進行に関しましては何かと不行き届きもあったかと存じますが、どうかご容赦のほどお願い申し上げます。本日はまことにありがとうございました。

こころ❖がまえ

●喪主に代わる場合、喪主があいさつできない事情を伝える。必ずしも事実でなくとも、「体調を崩し」など簡潔な説明でよい

❶代理の理由をひとこと簡単に。ほかに「病気療養中」「高齢」「ショックで」など

❷会葬者への責任とともに、遺族への配慮も忘れずに。「安眠」「大往生」などの語を適宜用いて

葬儀のあいさつ

親族代表

故人（40代男性、交通事故死）の妻の兄。
喪主である故人の妻（妹）に代わって

会葬への礼

心労の極みにある妹英子に代わり、親族を代表して、ひとことごあいさつを申し上げます。皆様方には、公私ともにお忙しい折にご会葬くださいまして、まことにありがとうございました。

死去の報告・思い出

義弟藤田宏明は去る四月十日の午後六時頃、社用での出張先にて不慮の❶事故に遭い、帰らぬ人となりました。脂がのった四十三歳。妹との間に一男一女をもうけ、長男は私立中学へ進学、公私ともに充実の時期でした。

「僕はともに苦労してくれるよい妻をもらいました」。そう言ってくれた義弟です。

支援のお願い

❷残された親子には、私ども親族ができる限りのことをいたしますが、皆様からも、変わらぬご厚誼《こうぎ》をお願い申し上げます。

結び

本日はありがとうございました。

こころ❖がまえ

- 遺族側代表、かつ遺族を支援する側でもある二重の役割を意識
- 会葬者への感謝に加え、遺族への助力の言葉も大切な要素

❶故人について述べる際は、身内として尊敬語や謙譲語は用いない（「事故に遭われ」とはしない）

❷親族として遺族への助力を申し出るとともに、会葬者へも遺族への支援を願う

葬儀のあいさつ
親族代表

故人（20代男性、交通事故死）の母の兄。喪主である故人の母（妹）に代わって

冒頭のあいさつ

混乱の渦中にある遺族に代わり、ごあいさついたします。私は故人の伯父、山田俊男と申します。

思い出

故坂田純一は先月二十五歳になったばかり、母と二人で農園を切り盛りする青年でございました。七年前の離婚で父親と離れ、先祖代々の土地で母と二人、細々と生活の灯をともしてまいりました。

厚誼への礼・支援のお願い

不運にも事故に遭い、人生の花咲くときも知らないまま一生を閉じることになりました。まことに残念ですが、❶存命中は皆様からよくしていただき、その意味では恵まれた一生だったと思っております。

残された母一人には、親戚としてできる限りの助力を尽くしたいと存じます。❷折にふれ皆様にも相談に乗っていただければ幸いに存じます。

会葬への礼

本日はご会葬を賜り、ありがとうございました。

❶遺族の悲しみを和らげるため、逆縁の不幸のなかにも一抹《いちまつ》の救いがあることにふれる

❷親族として、遺族への協力や支援、指導を願う言葉を入れる

こころ❖がまえ

●故人との関係がより強い遺族（本例では故人の母親）の悲しみは自分以上であることを忘れず、自らの悲しみはできるだけ抑えて

葬儀のあいさつ 親族以外

故人（80代女性、病死）の世話役代表として

責任者としての感謝　会葬への礼　思い出・心境　結び

皆様、本日はお疲れさまでございました。❶おかげさまで、葬儀一切を滞りなく終了することができました。世話役として恐悦の極みでございます。

本来ならば喪主となるご遺族が葬儀を行うところですが、故大野シゲさんには❷身寄りがなく、一人暮らしであったために、本人の希望により世話役の任をちょうだいした私福沢俊也が、喪主代わりをさせていただきました。皆様には公私ともにお忙しいなかご会葬を賜り、まことにありがとうございました。

大野さんは気さくな方で、町会の行事にも進んで参加し、人生のアドバイスをなさる親切な方でした。やさしい人がこの町に住み、それを見送る人たちがいたことを、心の祈念碑に刻みたいと存じます。

本日はまことにありがとうございました。

こころ❖がまえ

●世話役は喪家側に人柄や実行力を期待される役目で、葬儀進行の責任者。葬儀の無事な終了を会葬者に感謝する気持ちを第一に

❶式次第がすべて滞りなく進行できたことを会葬者に感謝する。「皆様のおかげで」の気持ちと言葉が大事

❷遺族でなく世話役が喪主となった理由にひとことふれておく

葬儀のあいさつ 親族以外

故人（50代男性、交通事故死）の世話役代表として

冒頭のあいさつ

商店会役員の鈴木耕夫でございます。❶喪主のあいさつに先立ちまして、商店会の会長であらせられた、故荻野玄太郎さんの葬儀にご列席の皆様へ、商店会を代表してひとことごあいさつを申し上げます。

功績・人柄

玄太郎さんは中町銀座商店街の老舗「長寿庵」四代目のご主人で、まだ五十六歳の若さではありましたが、商店街の生き字引のような方でした。時代の移り変わりというものでしょうか、郊外の大型店が目立っておりますが、こうして中町銀座商店街が頑張れるのも、玄太郎さんの力の大なるところです。

支援のお願い・結び

五代目の長太郎さんには、父親以上の精進を期待しております。❷皆様からも変わらぬご厚誼《こうぎ》を賜りますようお願い申し上げます。粗略ながら、これをもちまして商店会からのお礼の言葉といたします。

こころ◆がまえ

- 喪主のあいさつが別にある場合は「世話役として」のひとことを
- 世話役代表として、遺族への今後の支援を願う言葉が大切

❶世話役としてのあいさつであることを最初に伝えておく

❷遺族への支援、協力、指導をお願いする。この場合は、とくに家業を継ぐ長男を中心に

無宗教葬儀のあいさつ

遺族代表

故人（80代男性、病死）の妻として

参加者への礼

本日は公私ともにお忙しいなか、❶夫武雄のお別れ会にお集まりいただき、まことにありがとうございました。皆様のご厚志に厚く御礼申し上げます。

思い出

夫武雄は満八十二歳、食べることが大好きな大食漢で「だからこんな病気になったのよ」と、このあいだ言ってやりましたが、それでも平均寿命よりは長生きをしてくれました。私も頑張って長生きをしなければと思います。生前から「俺が死んでも戒名もお経もいらない」と口癖のように申しておりましたので、こういう形での「お別れの会」を開かせていただきました。

支援のお願い・結び

❷皆様から賜ったご厚誼《こうぎ》には、武雄ともども深く感謝しております。そして、今後も変わらぬご指導を賜りますよう、よろしくお願い申し上げます。

こころ❖がまえ

- 無宗教で、葬儀でなくお別れ会などの名目とした場合も、内容的には一般の葬儀と同様
- 「冥土」「供養」などの語は避ける

❶急死の報を受け、それぞれ所用もあるなかで駆けつけてくれたことへのお礼は必須

❷こうした言葉はいいわけに聞こえやすいので、あくまでも悲しみの言葉として感情を込めて

無宗教葬儀のあいさつ
遺族代表
故人（60代女性、病死）の夫として。音楽葬

会葬への礼

皆様、本日は妻綾子の葬儀にご参列賜り、まことにありがとうございました。❶妻は若い頃からジャズが好きでしたので、このような音楽葬という形式をとらせていただきました。❷驚かれた方もいらっしゃるかと存じますが、ご了承くださいませ。また、皆様からのご厚志に、厚く御礼申し上げます。

思い出

綾子はできた妻、母でございました。貧しい時代に連れ添いまして、以後四十八年間、共働きで常に私を縁の下から支え続けてくれました。六十五歳での他界とはなりましたが、最後は子と孫に見守られての、安らかな眠りでございました。

支援のお願い・結び

妻亡きあとも、どうか家族へは、皆様から変わらないご厚誼を賜りますようお願い申し上げます。

皆様、ありがとうございました。

❶なぜこの葬儀スタイルを選んだのか、簡潔に理由を語る

❷会葬者の心情を鑑《かんが》み、ひとこと断りを入れておく

こころ❖がまえ

●無宗教葬儀の場合、勝手が違ってとまどう参列者も多いはず。開式の辞で司会にその旨伝えてもらったうえで、さらに断りを述べる

出棺のあいさつ
喪主

故人（60代男性、病死）の妻として

会葬への礼

本日はご多用のところ、夫高村不二雄の葬儀にご会葬くださり、まことにありがとうございました。
❶おかげをもちまして葬儀、告別式も滞りなくあい済み、これより出棺の運びとなりました。

思い出

不二雄は私を幸せな気持ちにしてくれる人でした。新しいものなら何でも好きで、スマートフォンも、息子よりも先に購入していました。でも、実際は息子に習ってばかり。私にいい妻役をさせてくれる、さわやかな人でした。

厚誼への礼・支援のお願い

故人が生前、皆様方からちょうだいした厚いよしみに、心から感謝し、御礼を申し上げますとともに、今後もこれまでどおり変わらぬご厚情を賜りますよう、よろしくお願い申し上げます。

結び

❷本当に、ありがとうございました。

こころ❖がまえ

●出棺時のあいさつも、基本は葬儀でのあいさつと同じ。会葬への礼、これまでの厚誼《こうぎ》への感謝を述べ、今後の遺族への支援を請う

❶無事に葬儀・告別式が終了したことに感謝し、出棺の報告をする

❷何度お礼を言っても、言い過ぎということはない。最後も感謝の言葉でしめくくる

出棺
出棺のあいさつ
故人（70代男性、病死）の長男として

会葬への礼

ひとことごあいさつを申し上げます。
❶本日は遠路はるばるお越しくださり、長時間にわたるご会葬と、最後のお見送りまでいただきまして、まことにありがとうございました。また、❷闘病中はご親切にお見舞いまでいただきまして、深く感謝いたします。父もきっと喜んでいることでしょう。

死去の報告

若い頃から健康には自信があると豪語していた父ではありますが、病には勝てず、この一年は病院のベッドに横になっていることがほとんどでした。あまり苦しまずに逝《い》ってくれたことが、せめてもの救いでございます。

結び

生前いただいたご厚誼に感謝し、今後とも私どもをお支えくださいますようお願い申し上げて、ごあいさつとさせていただきます。

❶遠方から参列してくれた人が多い場合は、それに対する感謝の言葉を述べる

❷故人の入院中に見舞いをもらっていたら、忘れずにお礼を

こころ❖がまえ

- 出棺のあいさつは、たいてい斎場の表で会葬者を立たせたまま話すことになる。あまり長くならないように
- 死去の報告は省略可

喪主

精進落としのあいさつ

故人(60代女性・病死)の夫として

葬儀終了の報告・お礼

本日は早朝から長時間にわたりおつき合いくださいまして、まことにありがとうございました。❶ご住職をはじめ、町内会の方々や、社から駆けつけてきてくれた須永君、新藤君など、皆様のおかげをもちまして、滞りなく葬儀を済ませることができました。お力添えに心から感謝いたします。

支援のお願い

病から解放されて、家内も今頃は天国でほっとしていることでしょう。皆様には今後とも、家内の生前と変わらぬご厚情を賜りますよう、お願い申し上げます。

宴席への案内

❷粗餐《そさん》ではございますが、お食事を用意いたしました。時間はたっぷりございますので、ごゆっくり召し上がりながら、思い出話などお聞かせ願えれば幸いです。本日はありがとうございました。

こころ❖がまえ

●火葬、遺骨迎えのあと、僧侶《そうりょ》や、世話になった人を招いて酒肴《しゅこう》をふるまうのが精進落とし。尽力への感謝を中心に構成する

❶礼を言う順序としては、僧侶(仏式葬儀の場合)を最初に。とくに世話になった人がいれば、名前を出して感謝の気持ちを表現する

❷宴席への案内を述べる。あいさつは、料理の膳《ぜん》を前にして述べることが多いので、必要なことを言って手早く切り上げる

精進落としのあいさつ

喪主

故人（80代男性・病死）の娘婿として

葬儀終了の報告・お礼

昨日の通夜、本日の告別式、骨揚げと、長時間のおつき合いをいただきまして、まことにありがとうございました。おかげさまで無事、❶くり上げの初七《しょなの》日《か》までですべて、滞りなくあい済みました。これもひとえに、皆様方のご助力のおかげと、遺族一同深く感謝申し上げます。

支援のお願い

❷今後は義父に代わり、私が榎本表具店を継ぐこととなりますが、なにぶん未熟者ですので、どうぞ、これまで以上のご支援、ご指導のほどお願い申し上げます。

宴席への案内

心ばかりのお食事をご用意させていただきました。故人を偲《しの》んでいただければ、供養になるかと存じます。皆様さぞお疲れでしょうが、どうぞお時間の許す限り、おくつろぎください。

❶最近では、初七日法要までですべてを、葬儀の日に行うことも少なくない。そこまで無事に終了したことの報告をする

❷だれが故人の跡を継ぐかが決まっているときは、その旨を述べて、今後の支援を請う

こころ❖がまえ

- 最後までつき合ってくれた人たちに心からねぎらいの言葉をかける
- 身内や近しい人ばかりの席でも、礼にかなったあいさつを

精進落とし後のあいさつ

喪主

故人（70代女性、病死）の夫として

世話への礼

終宴の言葉

皆様、本日は最後までありがとうございました。何かといたらぬこともあったかと存じますが、どうぞご容赦ください。

❶とくに妻が師範をしておりました「狐山町おどりの会」の方々には、こまやかなお心づかいをいただき、心から感謝いたしております。妻と連れ添って半世紀近く、その間、妻がもっとも情熱を傾けていたのが「おどりの会」での指導でした。こうして皆様からお世話いただいて、妻はこれほど慕われていたのかと感慨を新たにしております。

名残は尽きませんが、皆様も明日のことがおありでしょうから、❷この辺でお開きとさせていただきたく存じます。どうもありがとうございました。お気をつけてお帰りください。

こころ❖がまえ

- お開きを告げないと宴が終了しない。頃合を見計ってあいさつを
- ほかに、四十九日《しじゅうくにち》など、今後の法要の予定などがあれば伝えておく

❶精進落としの準備など、特別に世話になった人たちに、あらためてお礼を述べる

❷精進落としの終了をきちんと伝える

弔辞・あいさつの言葉遣い

［敬語を正しく使う］
［忌み言葉について］
［弔辞に使える慣用句］
［遺族のあいさつに使える慣用句］

敬語を正しく使う

敬語はコミュニケーションの潤滑油。堅苦しく感じる人も多いかもしれませんが、上手に使えば、相手を尊重する気持ちを自然に会話に反映させることができる、便利な道具です。弔辞や遺族のあいさつでは、故人への哀悼《あいとう》の意や関係者への感謝の気持ちを表すのに、敬語は欠かせない要素といえましょう。

ただしそれは、正しく使えば、という前提あってのこと。敬語の誤用は当人の恥のみならず、ときには故人や遺族を傷つけ、弔辞を台無しにしかねません。「正しい敬語」を身につける日頃からの訓練が肝要です。

呼称の敬語

相手	相手側（尊称）	自分側（謙称）
本人	あなた、貴君、貴兄	私、小生
父親	お父上、ご尊父《そんぷ》	父
母親	お母上、ご尊母《そんぼ》	母
夫	ご主人様、ご夫君様	夫、主人、○○（姓）
妻	奥様、令夫人様	妻、家内、○○（名前）
夫の父	お父様、お舅様《しゅうとさま》	父、舅、義父
夫の母	お母様、お姑様《しゅうとめさま》	母、姑、義母
妻の父	お父様、ご岳父様《がくふさま》	父、岳父、義父
妻の母	お母様	母、義母
息子	ご子息様、ご令息様	息子、せがれ、○○（名前）
娘	お嬢様、ご令嬢様	娘、○○（名前）

名前で呼びかけるとき

相手側

年上・同年代……○○様
年下の男性……○○さん、○○君
年下の女性……○○さん
※役職名＋敬称（「○○社長様」など）は誤り。「○○社長」もしくは「社長の○○様」とする

自分側

○○

動作を表す敬語

動作	相手がする場合	自分がする場合
する	なさる される	いたす
いる	いらっしゃる おられる	おる
行く	いらっしゃる 行かれる	うかがう まいる 参上する
来る	いらっしゃる おいでになる お見えになる	うかがう まいる
言う 話す	おっしゃる お話しになる 言われる	申す 申し上げる お話しする
聞く	お聞きになる 聞かれる	うかがう お聞きする 拝聴する
会う	お会いになる 会われる	お会いする お目にかかる

動作	相手がする場合	自分がする場合
与える	くださる	差し上げる
もらう	お納めになる	いただく 賜る ちょうだいする
思う	お思いになる	存じる
知る	ご存じである	存じる 存じ上げる
見る	ご覧になる 見られる	拝見する
読む	お読みになる 読まれる	拝読する
食べる 飲む	召し上がる	いただく

忌み言葉について

弔辞でも、遺族のあいさつでも、使うことを避けたい言葉があり、それを「忌み言葉」と呼びます。おもなものは下の表にあるとおりですが、そのほか、場合によっては直接的な「死ぬ」という語を言い換えて、「逝去《せいきょ》」「永眠」「他界」としたほうがよいでしょう。

また、宗教・宗派によっては使えない言葉もあります。キリスト教では、死とは神の元に召されることであり、悲しむべきではないとされるので、弔辞では故人を喪った悲しみを述べるよりも、遺族への励ましや慰めに重点をおくようにします。

忌み言葉

くり返しを連想させるもの

返す返す、重ね重ね、ますます、またまた、いよいよ、たびたび、くれぐれも、しばしば、次々と、再び、引き続き、もう一度、重ねて、追って、続く

「成仏できない」ことを連想させるもの

迷う、浮かばれない

仏式葬儀でのみ使える言葉

冥福、往生、極楽、成仏、来世、あの世、この世、現世、供養

神式葬儀でのみ使える言葉

天に帰る、神

キリスト教式葬儀でのみ使える言葉

天国、天に昇る、神

言い換えの例

返す返すも残念なことは……▶**たいへん**残念なことは

気力も**ますます**盛んで……▶気力も**よりいっそう**盛んで

たびたび口にしていた……▶**折にふれて**口にしていた

くれぐれもよろしく……▶**どうぞ**よろしく

しばしば見受けられた……▶**よく**見受けられた

あとに**続く**者たち……▶あとを**受ける**者たち

決断に**迷う**……▶決断に**思い悩む**

ご**冥福**をお祈りします……▶**安らかにお眠りください**

＊宗派によって異なる場合があります。

弔辞に使える慣用句

初めの言葉

▼○○様のご霊前に謹んで哀悼《あいとう》の意を表します。

▼○○様のご霊前に追悼《ついとう》の言葉を申し上げます。

▼故○○様の霊に対し、惜別の辞を捧げます。

▼○○様の告別式にあたり、謹んで弔辞を捧げます。

▼故○○様のご葬儀にあたり、○○社を代表いたしまして、ひとことお別れのごあいさつを申し上げます。

自分の心境

▼ご逝去《せいきょ》に際し、深い悲しみと驚きを禁じ得ません。

▼こうしてお別れを申し上げることになろうとは、痛恨の念に堪えません。

▼思いがけない悲報に、ただ驚きと悲嘆の極みでございます。

●「哀悼」は死を嘆き悲しむこと。「追悼」は死を悲しみ、生前を偲《しの》ぶこと。「惜別」は別れを惜しむこと

●会社や団体を代表しての弔辞では、必ずその旨を述べる

●死を知った驚きや、悲しみ、故人を惜しむ気持ちを表現する

●事故死や急性の病死の場合、「思いがけない悲報」「突然の訃《ふ》報《ほう》」などの表現を使う

自分の心境

▼たくさんの思い出がよみがえり、今はただ呆然《ぼうぜん》とするばかりです。

▼覚悟はしておりましたが、いざ今日の日を迎えてみると、悲しみで胸ふさがる思いです。

▼ご教示いただきたいことが山ほどございましたのに、無念でなりません。

遺族への配慮

▼ご家族の皆様には心からお悔やみ申し上げます。

▼ご遺族にはご心中お察し申し上げます。お辛いこととは存じますが、どうぞお気を強くお持ちください。

▼どうぞ一日も早くこの悲しみから立ち直られますよう願っております。

▼ご遺族の皆様には、ご看病の甲斐《かい》なく、まことにご無念でしょう。

▼お慰めの言葉もございませんが、〇〇様の霊を安らかならしめるよう、どうぞご自愛ください。

▼私どもも、できうる限りご遺族の方々をご支援させていただきますことをお約束申し上げます。

●長患いの場合。ほかに「想像を超える悲しみです」など

●上司や恩師の場合。ほかに「もっと学びたかった」など

●遺族の悲しみは、他人からは計り知れないもの。「悲しみはいかばかりかと存じます」「さぞお力落としのこととお察しします」などの表現で

●故人が長期療養した場合、介護の労をいたわるひとことを

●社を代表しての弔辞では、今後の支援を約束する

今後の決意

▼弊社といたしましても、御社がよりいっそうご発展されますよう、できる限りお力添えをさせていただく所存であります。

▼○○様から賜ったご恩義に報いるためにも、さらなる発展を目指して邁進《まいしん》する決意でございます。

▼これまでのお教えを糧《かて》とし、一致団結して社業の発展に努めますことを、ここにお誓い申し上げます。

▼今後いっそうの努力を行い、○○様が残されたご功績をさらに発展させる所存でございます。

結び

▼どうぞ安らかにお眠りください。

▼○○様のご冥福を心よりお祈り申し上げます。

▼お名残惜しくはございますが、○○様のご冥福をお祈りして、弔辞といたします。

▼○○様の安らかな眠りを心よりお祈りいたしまして、お別れの言葉といたします。

▼思い出は尽きませんが、お別れのときがやってまいりました。さようなら。

●取引関係会社からの弔辞では、①生前の厚誼《こうぎ》・協力への感謝、②故人の会社へのこれまで同様の支援、③今後のいっそうの精進、の三点を中心とする

●上司への弔辞では、今までの指導への感謝を述べ、今後のさらなる努力を誓う。「これまでのご教示を無にせぬよう精進してまいります」など

●「冥福」は仏教用語であることに注意

●「さようなら」は近しい間柄の場合。上司や恩師なら「はるか空から私たちをお守りください」など

遺族のあいさつに使える慣用句

会葬のお礼

▼本日は、お忙しいところをご会葬賜り、まことにありがとうございます。

▼本日はご多忙中にもかかわらず故○○の葬儀にご参列いただき、その上お花、お供物《くもつ》など賜り、厚く御礼申し上げます。

生前の厚情のお礼

▼生前、故人に寄せられました皆様のご厚誼《こうぎ》に、心より感謝いたします。

▼ひとえに故人の生前中に皆様よりいただいたご厚情の賜《たまもの》と、厚く御礼申し上げます。

支援のお願い

▼今後とも私ども遺族へ同様のご厚情を賜りますよう、お願い申し上げます。

▼今後も変わらぬご支援のほど、お願い申し上げます。

●「お忙しいところ」「ご多忙中にもかかわらず」は、場合に応じて「雨天のなか」「遠方にもかかわらず」などに言い換える

●遺族のあいさつでは、何度もお礼を述べる。「深く感謝いたします」「ありがたく存じます」なども覚えておきたい

●ほかに「今後ともご指導お願い申し上げます」「お力添えのほどお願いいたします」など

本書の内容に関するお問い合わせは、**書名、発行年月日、該当ページを明記**の上、書面、FAX、お問い合わせフォームにて、当社編集部宛にお送りください。**電話によるお問い合わせはお受けしておりません。**
また、本書の範囲を超えるご質問等にもお答えできませんので、あらかじめご了承ください。
FAX：03－3831－0902
お問い合わせフォーム：http://www.shin-sei.co.jp/np/contact-form3.html

心に響く弔辞
葬儀のあいさつ実例集 新装版

2018年9月15日 初版発行

編　者 新星出版社編集部
発行者 富永靖弘
印刷所 誠宏印刷株式会社

発行所 東京都台東区台東2丁目24 株式会社 新星出版社
〒110-0016 ☎03（3831）0743

ISBN978-4-405-05102-7